Dieter Lattmann
Es will Abend werden

Dieter Lattmann

Es will Abend werden

Aufzeichnungen aus einem Augustinum

Kösel

Diese Geschichten von Menschen und Dingen beruhen auf Wirklichkeit. Die Namen der Figuren habe ich meist verändert und die Handlung über mein Wissen hinausgehend entworfen. Also bitte ich die Leser, die geschilderten Personen nicht mit Menschen zu verwechseln, die tatsächlich leben oder gelebt haben. Es handelt sich um Wahrheit und Imagination.

MIX
Papier aus verantwortungsvollen Quellen
FSC® C014496

Verlagsgruppe Random House FSC® N001967

Neumarkter Str. 28, 81673 München
Umschlag: Weiss Werkstatt, München
Umschlagmotiv: © shutterstock/GooDween123
Satz: Satzwerk Huber, Germering
Druck und Bindung: GGP Media GmbH, Pößneck
Printed in Germany
ISBN 978-3-466-37181-5
www.koesel.de

Dieses Buch ist auch als E-Book erhältlich.

Inhalt

Der Aufbruch

Wir hatten ein Haus in Schwabing am Englischen Garten, ein Haus mit fünf Wohnungen. Unsere Mieter waren es gewohnt, dass ich alle Arbeiten im Garten und handwerkliche Erledigungen in den Wohnungen ausführte. Als ich einen Zentnersack Erde nicht mehr heben und den Efeu auf dem Garagendach nicht mehr schneiden konnte, wurde es Zeit, dass wir unsere Vormerkung ausnutzten und ins Münchner Augustinum Nord in der Weitlstraße wechselten.

In Haus 5 war gerade eine große Wohnung im zweiten Stock nach Nordosten frei geworden. Stiftsdirektor Johannes Weigl schlug Interessentenberaterin Lydia Güth vor, sie uns als unser zukünftiges Zuhause anzubieten. Die Räume sehen und zugreifen war für meine Frau Marlen und mich ein sofortiger gemeinsamer Entschluss. Wir verkauften unser Haus, feierten ein Abschiedsfest mit Freunden und Nachbarn, regelten die Auszugstermine mit den Mietern und zogen um.

Die Möbel hatten wir auf einem Lageplan eingezeichnet. So konnten die Träger die Schränke, Tische, Sessel gleich auf den richtigen Plätzen absetzen. Sie schlossen uns auch gleich das Deckenlicht an.

Für einige Tage erhielten wir Verwandtenhilfe, aus Ostfriesland angereist. Dennoch dauerte es Wochen, bis alles bleibend eingeräumt war und die Bilder richtig hingen. Danach fühlten wir uns wieder im Lot.

Marlen lebte in Musik und Farben. Immer war sie umgeben von Klängen – Cembalo, Klavier, manchmal Altflöte –

und sie musizierte mit den Kindern. Die Jungen spielten Geige und Cello. Aus allem, was meine Frau in die Hand nahm, machte sie etwas Eigenes. Ihre Kleidung, Möbel und Bezüge, Kissen, Vorhänge, bemalte Teller und die Blumen im Garten, die einzelnen Zimmer, alles kennzeichnete ihren eigenen Stil. Nun brauchte sie Zeit, um im Augustinum anzukommen. Sie wirkte zögerlich und schien sich zu fragen, was sie tun müsse, auch hier sie selber zu bleiben. Ich glaube, sie haftete in ihren Empfindungen noch am Flirren der Birken, die wir rings um unser Haus gepflanzt hatten, und sie hörte wohl weiterhin ihre Schritte auf unseren Wegen im Englischen Garten knirschen oder auf dem Holzpflaster unserer Wohndiele klopfen, sah das Prasseln der Scheite im Kamin. Manchmal versank sie in Tagträumen, als lebe sie weiter dort mit den Menschen, den Lauten, dem Duft und den Pflanzen dieser Jahrzehnte.

Mein Leben flutete in Wellen, sie warfen mich oft an neue Ufer. Da mein Vater oft versetzt wurde, ging ich in meiner Kindheit und Jugend auf sechs verschiedene Schulen.

Jede Generation nimmt vor allem sich selber wahr. Auf diese Weise geschieht etwas für mich Ungewohntes: Bei all meiner Aufmerksamkeit für die Ereignisse hierzulande wie in Europa und der Welt ergibt für mich das Loslassen einen neuen Sinn. Eines Abends, als ich während des Dunkelwerdens von Einkäufen zurückkehrte, sah ich das Licht in unseren Fenstern, und es war mir zum ersten Mal vertraut, unser neues Zuhause da oben. Ich freute mich auf unseren gemeinsamen Abend und summte beim Eintreten unser Zeichen.

Unsere Einrichtung hier im »Altenteil« mit den beiden großen Räumen und zwei Balkonen auf Höhe der Baumkronen beherbergt alles, was uns aus unserer Habe am liebsten geworden ist. Jeden Morgen schauen uns die vertrauten Dinge an und erzählen uns, was sie für Erinnerungen haben. Jeder hat seine eigene Schlafklause und Schreibtischecke. So nah wie jetzt sind wir seit unseren ersten Ehejahren in einem Untermietzimmer nicht mehr beieinander gewesen. Wer sich zurückziehen möchte, schließt die Verbindungstür.

Noch während der Phase unseres Eingewöhnens lernen wir die umliegenden Straßen und Märkte kennen. Danach erkunden wir den Bezirk Hasenbergl-Feldmoching und Milbertshofen wie in Ringen nach einem Steinwurf ins Wasser. Obwohl wir seit sechzig Jahren in München leben, ist uns das Meiste hier in der Umgebung bislang unbekannt.

Der erste Ring, der Park um das Augustinum, empfängt uns an einem leuchtenden Tag feierlich mit überquellendem Sommergrün hinter seiner Einfriedung. Es ist Rosenzeit. Und was für kräftige, noch wirklich duftende, lange blühende Rosen! Vom ersten Augenblick an spüren wir, wie überlegt hier alles auf Ruhe und Wohlbefinden eingerichtet ist. Amseln hüpfen auf dem Rasen, Schwalben schwirren über uns, Meisen picken Würmer aus dem Geäst, und Rabenkrähen flattern zu den höchsten Zweigen auf. Mitbewohner, die ohne Begleitung nicht mehr nach draußen gelangen können, ziehen hinter Rollwagen ihre Spur rings um den Gebäudekomplex. Im Südwesten ist die Rasenfläche weit ausgebuchtet. In der Nähe des Wassersprengers schöpft die Wiese frischen Atem. Ein Schwingen von Musik aus offenen Fenstern, Gesprächen, summenden Bienen und Hummeln ist eingebettet in eine Grundstille, in der nur ein paar Kinder von Besucherfamilien ihre munteren Rufe weithin hören lassen.

Von unseren Balkonen aus haben wir beobachtet, wie sorgsam der Park gepflegt wird. Ab und zu surren Rasenmäher. Gärtner gehen mit Pflanzstöcken und Eisbegonien von Beet zu Beet.

Entlang der Ittlingerstraße schirmen Tannen und Büsche den Verkehrslärm ab. Baumriesen bezeugen, dass sie älter sind als das vierzigjährige Wohnstift. Wir bewegen uns unter Licht und Schatten zwischen Ahornstämmen und Kiefern, einer Blutbuche und einer Lärche, die im Herbst mit ausschweifendem Gefieder glühen wird. In allerlei Winkeln laden Bankecken zum Rasten ein. Wir setzen uns eine Weile in die Sonne und spüren ihre Strahlen auf unseren Gesichtern.

Der schmalere Parkteil auf der Nordostseite erfreut uns mit seinen Birken, Erlen und Eschen, dazwischen Magnolien, Wacholder und einem Essigbaum. Hecken aus Hainbuchen, Thuja und Liguster parzellieren die einzelnen Übergänge und Wege. Als unser Kreis sich schließt, stehen wir am Haupteingang wieder vor dem Nashorn aus Bronze mit zwei Stoßhörnern, das dort – wie vor jedem Augustinum – als Wappentier prangt. Manchmal scheint es von der afrikanischen Savanne und schlammigen Wasserlöchern zu träumen. Wenn die Sonne scheint, sieht es lustig aus. Die abgegriffenen Hörner leuchten golden. Kinder klettern auf seine Rundungen; die kleineren werden von ihren Müttern an der Hand gehalten.

Christel

Sie hieß Christa, alle Freundinnen nannten sie nur Christel. Sie gehörte zu den seltenen Menschen, die einen Raum heller erscheinen lassen, wenn sie eintreten. Christel war im Jahr vor uns in das Augustinum München Nord eingezogen. Auf unser Nachrücken hatte sie sich gefreut, und sie war einer der ersten Menschen, die wir, neu angekommen, auf dem Weg vom Mittagessen zum Fahrstuhl von Haus 5 trafen. Wir umarmten einander. Als ich sie vor Freude, sie wiederzusehen, leicht an mich drückte, spürte ich, wie dünn, ja zerbrechlich sie inzwischen geworden war.

Marlen und sie gehörten zu einem Gesprächskreis von acht Frauen, der sich seit zwei Jahrzehnten bei seiner Gründerin in deren Wohnung traf. Von Zeit zu Zeit wechselte die Rolle der Gastgeberin, und das ging reihum. Jede war ein Charakter für sich. Christel erschien mir immer als die stillste von ihnen, wenn sie auch manchmal hell auflachte oder sich energisch gegen eine Zumutung wehrte. Sie konnte von innen her leuchten. Alles an ihr war hell: das gerundete, jedem neuen Gegenüber freundlich zugewandte Gesicht, das Haar, ihre Stimme, oft auch die Kleidung. Sie war klein, gerade und zart, körperlich ein Leichtgewicht, aber mit einem großen Herzen. Ganz aus sich heraus und unvergleichbar war Christel ein sehr lieber Mensch. Sie begegnete allen, die sie kennenlernte, mit einem Vertrauen, das ihr angeboren wirkte. Bei den Gesprächen, für die in der Regel ein allseits für wichtig befundenes Thema aus dem Zeitgeschehen, sozialen Konflikten und persönlichen Empfindungen vereinbart wurde, verhielt sich Christel oft schweigend. Gleichzeitig aber behielt sie auch in der Stille ihren eigenen Kopf. Plötzlich konnte sie sagen: »Das sehe ich anders.« Was sie dann aussprach, bewies jedes Mal, wie genau sie zugehört hatte. Und sie trug eine überraschende Ansicht des eben diskutierten Themas vor.

Christel und ihr Mann erkundeten auf ihren Ferienreisen viele ferne Länder. Es war ihre gemeinsame Leidenschaft, die sie immer wieder fortzog aus ihrem Haus in der Toni-Pfülf-Straße. Sie wohnten mit ihren zwei Töchtern und einem Sohn dicht am Fasaneriesee, da schwamm die ganze Familie oft schon am frühen Morgen.

Christels Mann war vor einigen Jahren einen bitteren Tod gestorben. Auf dem Westfriedhof hatten wir uns in einer zahlreichen Trauergemeinde von ihm verabschiedet. Christel war sich ihrer bleibenden Nähe zu ihm gewiss, sie überließ sich kaum spürbar der Traurigkeit. Sie sprach immer wieder mit Freude von ihrem langen gemeinsamen Leben.

Im Augustinum wohnte Christel hoch droben im 13. Stock. Als wir sie dort zum ersten Mal besuchten, schien die Sonne zu den Fenstern herein. Der Ausblick ging über den Stadtrand und weite Grünflächen bis zu den Alpen. Hier stellte sich heraus: Christel hatte sich nicht entschließen können, ihr Haus zu verkaufen. Das war ein Fehler. Vor allem wollte sie die in ihrem gemeinsamen Lebenshaus für sie noch ständig greifbare Gegenwart ihres Mannes Willi nicht versäumen. Obendrein hing sie weiter fest an der ihr so vertrauten Nachbarschaft.

Also pendelte sie immerzu zwischen Damals und Heute hin und her. Das lief auf eine dauernde Doppelrolle hinaus, und sie wusste wohl selber nicht immer genau, wo sie sich aufhielt. Vermutlich hat diese zerissene Existenz dazu geführt, dass ihr Herz ihr zunehmend zu schaffen machte. Sie musste sich mehrfach in einem Krankenhaus behandeln lassen. Dadurch sahen wir sie für längere Zeiten nicht. Als wir ihr eines Tages wieder auf dem Weg zum Speisesaal begegneten, erschraken wir, wie verfallen sie war: Aus Christel war ein Pflegefall geworden. Sie wurde im Rollstuhl gefahren. Als sie zu uns emporschaute, lief aber doch ein freudiges Erkennen über ihr Gesicht. Nun waren wir alarmiert.

Marlen hat Christel gleich am nächsten Tag auf ihrem Zimmer besucht. Keine Klage kam über ihre Lippen. »Ich habe es gut, ich werde liebevoll gepflegt.« Christel war tief erfüllt von einer Dankbarkeit, die ihr ganzes Leben einschloss. Gewiss sah sie klar vor sich: Es ging dem Ende zu. Für uns folgte eine *versiegelte* Zeit. Was konnten wir tun? Immer gab es diesen Zwiespalt zwischen unserer Scheu, bei ihrer Pflege zu stören, und dem Bedürfnis, ihr zu helfen.

Christels jüngere Tochter, die in Traunstein wohnte, kam jetzt öfter und blieb über Nacht bei ihrer Mutter. Sie und ihre ältere Schwester, die entfernt im Norden lebte, wechselten sich mit ihren Besuchen ab. Manchmal war uns, als könnten wir durch die Stockwerke wahrnehmen, wie es droben um Christel stand. Rätselhafte Wartezeit.

Es war hoher Sommer, aber wie oft in Bayern, kühlte sich das Wetter plötzlich ab, als habe es auf der Zugspitze geschneit: Wieder einmal wehte über München Eisschrankluft. Ich merkte in diesen Tagen, wie das Haus für mich hellhöriger wurde. Jedes Rattern in der leer stehenden Wohnung über uns, die für Neueinziehende renoviert wurde, drang zu mir wie ein Grollen. Gespräche, auf dem Flur geführt, schienen durch die Tür hereinzuschäumen, mit einem Wellenschlag der Silben. Das Telefon läutete nicht, es dröhnte. Meine Frau und ich sahen einander oft schweigend an.

Christels Schicksalstag wurde der 10. September. Die jüngste Tochter und eine Freundin waren bei ihr, neben der Pflegerin und dem Gärtner aus ihrer früheren Nachbarschaft, der sich aus Anhänglichkeit treu um sie kümmerte. Er war ein kräftiger Mann, der sie leicht auf seinen Armen tragen konnte. Am Nachmittag war die Sonne wieder sommerlich zum Vorschein gekommen.

Als Christel sah, wie das Licht zu ihren Fenstern hereinbrach, hielt ihr geplagtes Herz sie nicht mehr zurück. »Bitte bringt mich noch einmal hinunter ins Freie«, wünschte sie sich, »ich möchte so gern die Blumen sehen.«

Die kleine Gruppe führte sie im Rollwagen in den Park. Die vier berichteten später, Christel sei beim Anblick der blühenden Pracht der Rosenstöcke und des Blätterspiels zwischen Helligkeit und Schatten und so viel sonnenvergoldetem Grün selber noch einmal aufgeblüht. Sie sah die Kinder, die auf dem Nashorn herumkrabbelten, und sie war glücklich. Sie konnte jetzt wieder etwas freier atmen und wandte ihren Blick von einer Seite zur anderen, um all das Wunderbare in der Natur zu erfassen. »Wie gut mir das tut!«

Der Nachmittag träumte, als stünden die Uhren still. Wie in die Luft gezeichnet spürten die, die um sie waren, das Überwirkliche, das auf sie einwirkte, und sie waren erstaunt, dass es auf diese Weise sein durfte, ohne Wehmut. Schließlich bat Christel: »Nun bringt mich wieder hinauf. Ich kann nicht mehr.« Oben auf dem Zimmer wollte sie nur noch liegen, und sie wurde auf ihrem Bett mit einer leichten Decke umhüllt. »Ich bin so dankbar«, hörten sie Christel sagen. Ihr Atem ging leise und stockend, bald immer langsamer. Es kam nur noch ein Laut von ihr, nicht mehr klar zu verstehen. Ihr Leben verging zuletzt wie ein Hauch. Am Abend, ein Viertel vor 6 Uhr, ist sie gestorben.

Marlen wurde hinaufgerufen, damit sie sich von Christel verabschieden konnte, ich begleitete sie. Meine Frau beugte sich nah hinunter zum Gesicht ihrer Freundin und verharrte einen Augenblick lang.

In der ersten Nacht blieb die Tote noch dort aufgehoben. Am Sonntagmorgen wurde sie von der Stiftspfarrerin ausgesegnet. Wir sahen und hörten ihr zu. Sie ist eine kluge Frau. Ihre persönlichen Worte erreichten mich stärker als das Ritual, das ich respektiere. Wir waren gemeinsam dankbar, dass es die Pfarrerin unseres Vertrauens war, die Christel den Segen gab und für sie betete, während unsere Gedanken sich um sie versammelten und wir Christel mit unserem inneren Auge noch einmal lebendig vor uns sahen.

Als wir Nichtangehörigen den Raum verließen, wussten wir, die Tote wurde nun in die Tiefe des Hauses gebracht und von dort später auf den letzten Weg geleitet, für den die Familie sich entschieden hatte. – Das Requiem wurde, ebenfalls durch unsere Pfarrerin gestaltet, auf den Freitag danach festgesetzt, damit die Angehörigen Zeit für die Anreise und alle notwendigen Vorbereitungen erhielten. Die Kapelle füllte sich mit der Familie, Verwandten, Freunden und teilnehmenden Hausbewohnern. Blumenumkränzt glänzte Christels Bild neben dem Altar im Kerzenschein. Die Predigt stellte sie noch einmal mitten unter uns. Christel in ihrer ganzen Lebensstärke und ihrer unbegrenzten Fähigkeit zu Liebe und Freundschaft. Diesen kundigen und sehr bedachten Nachruf zu hören, tat uns allen gut.

Christel war die Erste aus dieser Gruppe, die starb. Alle Freundinnen aus dem Kreis waren zur Trauerfeier erschienen. Sie kamen danach mit in unsere Wohnung, um zu erfahren, wie wir wohnten und ob wir uns schon etwas eingelebt hatten. Sie erkannten die Sitzecke aus der Wohndiele in unserem Haus wieder. Wir freuten uns, dass es ihnen bei uns gefiel.

Dieser Tod hinterließ uns beiden einen tiefen Eindruck, er wurde zu einem spirituellen Sammelpunkt. Das hatte eine geistige und eine praktische Bedeutung. Es gibt wohl keine Erfahrung eines nahen Todes, die nicht die Vorstellung des eigenen Lebensendes wachruft. In unserem Denken würde uns dieses Erleben nun immer mit der Erinnerung an Christel begleiten. Für unsere realen Überlegungen trat die Gewissheit ein, dass wir es mit zwei Entscheidungen richtig gemacht hatten: zum einen mit unserem Einzug in das Augustinum, zum anderen mit der absoluten Trennung von unserem Haus und damit dem tatsächlichen Loslassen von allem, was wir nicht mitnehmen konnten.

Es war für uns wichtig, so bald nach unserem eigenen Umzug den Ablauf von ernsthaftem Krankwerden, ärztlichen Behandlungen, Krankenhaus und Wiederkehr, letzter Lebensphase, Sterben und Tod so handgreiflich miterlebt zu haben. Soviel wir bisher wussten, sprachen die meisten Stiftsbewohner nicht vom Sterben, gerade weil sie von ihm immer wieder umgeben waren und berührt wurden. Schließlich war es auch für sie der ausschlaggebende Beweggrund, im Prozess ihres Lebensendes einmal hier so sinnvoll wie menschenmöglich aufgehoben zu sein. Das zu wissen, stiftet eine Kommunität der Anwesenheit wie der voraussehbaren Zukunft. Wohl dem, der in diesem Sinn ein Zuhause hat.

Die »Altenburg« – wie mir unser Augustinum manchmal auch erscheint

Mehrere Hundert Menschen leben in ihr oder von ihr. In der Altenburg wird das Leben mit Umsicht verteidigt. So gut es geht. Die Burg ist hoch wie ein Turm. Die Aufbauten auf dem Dach sind ihre Zinnen. In ihren Kesseln dampft das Wasser. Wer die Burg von außen betrachtet, sieht sie in fünf Häuserstufen aufragen. Kein Wassergraben umschließt sie, stattdessen Gitter und Zäune, Bäume und sperriges Grün.

Als die Menschen immer älter wurden, hat man die Altenburg errichtet, inzwischen gibt es ihrer viele, auf Städte und Länder der Republik verteilt. In ihren Mauern folgen Generationen aufeinander. Geboren wird hier nicht, aber nach Kräften gelebt, in Erinnerung an die Zeit, als man noch jung war, das Leben, die Kinder und meist auch die eigene Arbeit liebte. Viele, die in ihren Siebzigern in die Altenburg einzogen, wohnen schon ein Vierteljahrhundert in einem der vierzehn Stockwerke. Die meisten von ihnen fragen sich immer einmal wieder, wie alt sie noch werden dürfen oder müssen.

Die Altenburg ist auch eine Frauenburg. Männer sind eine kleine Minderheit. Ehepaare, die noch gemeinsam ausschreiten, vielleicht sogar wandern können, gibt es nicht allzu viele. Wer zu ihnen zählt, hat Grund, dankbar zu sein.

Wie bei historischen Festungen ist auch das Gemäuer der Altenburg stabil. Eine kriegerische Bedrohung hatte unsere Burg noch nicht zu befürchten. Die Ältesten in unserer Nachbarschaft können sich aber erinnern, wie es war, als nicht weit entfernt auf freiem Feld Fliegerabwehr-Batterien bei nächtlichen Angriffen auf Bomberpulks feuerten und der Himmel glühte.

Friedlich rücken in unseren Tagen Schulklassen bei uns ein. Sie verschwinden in den Tiefen der Altenburg und kehren nach einiger Zeit nach dem Schwimmen im Hallenbecken, gehütet von ihren Lehrerinnen, schwatzend und lachend an die Oberfläche zurück.

Wir alten Männer, die als Soldaten den Krieg überlebt haben, denken kaum noch an ihn zurück. Die Befehle, die wir damals befolgten, gehörten zu unserem früheren Leben aus falschem Gehorsam. Heute sorgen wir uns um andere Formen von Gewalt, die diffiziler zu behandeln sind; denn wir können sie nicht durch die Suche nach einem Schuldigen klären. Sie sind vielmehr tief in der humanen Existenz begründet. Und sie stehen niemals klar erkenntlich wie eine Gewissheit vor uns; umso gründlicher lernen wir sie durch unsere Gedanken, Ahnungen und Träume kennen. Falls wir uns nicht erneut in uns selber täuschen und sie überspielen.

Nur in seltenen Augenblicken, wenn eine absolute Aufrichtigkeit uns überkommt und wir uns zu unserem eigenen Erstaunen einem anderen Menschen vollständig anvertrauen, lassen wir diesen anderen den Hintergrund all unserer Vordergründe erkennen. Niemand durchbricht regelmäßig die eigene Einsamkeit.

Ich habe einen guten Freund, der mich alle paar Wochen zu einem längeren Gang mit Einkehr bei einem Italiener abholt. Als er neulich vor dem Eingang auf mich wartete, begrüßte er mich mit den Worten: »Wenn ich hier stehe, sehe ich das Augustinum aus drei Blickwinkeln: hier habe ich meine Mutter besucht, bis sie starb, hier treffe ich dich, und hier werde ich eines Tages selber wohnen.«

In dem Maß, in dem ich mich mit den Verästelungen – den persönlichen und den räumlichen – besser auskenne, nehme ich Herkunft und Charakter der Menschen, mit denen ich hier umgehe, aufschlussreicher wahr. Das gilt für eine Reihe von Mitbewohnern wie auch für einige unter den Betreuern, die für uns sorgen und sich damit eine freundliche Mühe geben.

Inzwischen hege ich eine gewisse Bewunderung für diejenigen, die mit ihrer Tagesarbeit die Maschinerie der Altenburg in Gang halten. Es ist ja nicht selbstverständlich, dass für alle Duschbäder morgens reichlich heißes Wasser fließt und im Winterhalbjahr wie an kalten Sommertagen die Heizkörper eine wohlige Wärme verbreiten. Was für eine organisatorische Energie und was für ein Überblick müssen regelmäßig aufgebracht werden, damit die Tagesabläufe und die nächtliche Wartung aller Einrichtungen wie die Rund-um-die-Uhr-Pflege funktionieren. Nicht zu übergehen die wöchentliche Reinigung aller Zimmer, zweimal drei warme Mahlzeiten pro Tag zur Auswahl und die unüberbietbare Salat-Theke.

Um nur noch ein paar wichtige Leistungen zu nennen: Es gibt die hervorragende Demenz-Station »Treffpunkt«, Frühgymnastik unter kundiger Leitung, die umfangreiche Physiotherapie, die Arzt-Praxen, die Bibliothek und Kulturprogramme, den bei Großveranstaltungen auch für Besucher von außen geöffneten Theatersaal und Geschäfte für den Tagesbedarf. Die Verwaltung basiert auf der fünfzigjährigen Erfahrung der Stiftsdirektionen im bedachten Wechsel der Verantwortlichen.

Eines Tages sprach mich ein etwa gleichaltriger Mitbewohner an, der mir in meinen »Bücherstunden« zugehört hatte und von daher einiges von mir wusste: »Ich bin auch bei der Kriegsmarine gewesen«. Er zögerte einen Moment, dann nannte er mir seinen Namen; und ich nenne ihn hier: Franz Klar.

»Und da treffen wir uns jetzt nach einem halben Jahrhundert, – genau genommen ist's noch viel länger her. Ich war auf dem Kreuzer *Leipzig*.«

»Weiß ich«, sagte er, »ich war einen Crew-Jahrgang älter als Sie und bin auf der *Schlageter* gefahren, dem alten Segelschulschiff für den Marinenachwuchs – ein unglaubliches Kommando in Kriegszeiten. Man hatte den Segler mit Vierlings-MGs und einer Bordkanone bewaffnet. Wir sollten in der Ostsee vor allem Schmuggler und Flüchtlinge auftreiben. Aber manchmal, wenn wir vor einer Insel ankerten, zum Beispiel Bornholm, haben wir uns wie im Urlaub gefühlt.«

»Habt Ihr da nicht ein schlechtes Gewissen gehabt, wenn Ihr an die Ostfront dachtet, wo überall der Rückzug im Gang war und Hunderttausende starben?«

»Ach, die meisten von uns jungen Kerlen haben doch nur an sich selber gedacht.«

»Ist es für Sie dabei geblieben?«

»Zuletzt wurde ich noch zu den U-Booten abkommandiert, aber als ich den Stützpunkt der Flotte erreichte, war der Krieg gerade zu Ende.«

Klar ist klein, er geht etwas gebeugt, von Verletzungen angeschlagen. Mir ist nicht klar, woher die stammen, und ich mag ihn nicht fragen. Jedenfalls lässt er sich von seiner Behinderung nicht einschüchtern, vielmehr macht er sich mit seinen beiden Stöcken bei jedem Wetter auf nach draußen. Treffen wir uns, bleiben wir stehen und reden eine Weile mit einander. Er hat ein sensibles Gesicht. Wenn er aus seiner randlosen Brille zu mir aufschaut, bemerke ich manchmal eine freundliche Ratlosigkeit in seinem Blick.

Einmal habe ich ihn in seiner Wohnung besucht. Er ist allein, an Familie hat er wohl nur eine Nichte, die sich manchmal um ihn kümmert. Es hat mich überrascht, wie er sich noch mit Bildern aus seiner Marinezeit umgibt. In der Schlafecke, auf dem Bücherbrett, am Schrank – überall gerahmte Fotos von ihm in Uniform als Seekadett und Fähnrich zur See, sogar noch mit Portepée, einige Kameraden von damals um ihn herum.

Unsere Lebensläufe sind in unterschiedlichen Wellenlängen verlaufen. Ihn hat sein Schicksal hart getroffen. Je länger ich ihn kenne, umso klarer wird mir, wie gebildet er ist, sozial, politisch und zeitgeschichtlich. Er war Redakteur bei einer regionalen Zeitung im Umfeld von München. Es ist immer anregend, mit ihm zusammen zu diskutieren.

Zu den eindrucksvollen Menschen in den Behandlungstiefen der Altenburg gehört für mich der Inhaber der Physiotherapie.

Herr Zenker, von dem ich hier erzähle, ist ein sportlicher, handfester Mann auf der Höhe seines Lebenslaufs und beruflichen Erfolgs, der sich allerdings bei diesem Metier in Grenzen hält. Wir sprechen darüber, wenn ich einmal in der Woche für meine Ganzkörpermassage zu ihm hinuntersteige. Eine Dreiviertelstunde lang walkt er mich auf dem Polstertisch, an dem er das weiße Laken ausbreitet. An kühleren Tagen legt er meinen Bademantel auf die Körperhälfte, die er gerade nicht behandelt.

Kai Zenker bringt es fertig, von einzelnen Nervenpunkten der Fußballen her eine aufwärts laufende Sensibilität bis in mein Gehirn zu entsenden. So spüre ich, wie auch in meinen Organen alles mit allem zusammenhängt. Wenn er die Massage mit einem Daumenkreisen zwischen den Schulterblättern beendet, während ich schon sitze, fühle ich mich jedes Mal bis ins Innerste neu sortiert.

Herr Zenker bringt seine Mitarbeiter und die Klienten, bevorzugt ältere Damen gern zum Lachen. Er ist zu jeder Patientin (zu Männern entsprechend) so direkt, wie er es für sie verträglich einschätzt. Er ist ein Mann, der vieles weiß und vieles für sich behält. Es sind kleine Augenblicke, in denen er sein Mitgefühl zu erkennen gibt. Als einmal für ein paar Wochen schneeige Kälte herrschte, bemerkte er, während er mich unter seinen Händen hatte, draußen hinter dem Fenster eine durch Muskelschwund in ihren Gliedern verzogene Bewohnerin, die nach seiner Auskunft dort jeden Morgen, unter dem Überbau vor dem Wetter geschützt, mit eiserner Willenskraft am Stock auf und ab ging. Er klopfte ans Fenster und signalisierte ihr mit ausgestrecktem Daumen seine Anerkennung. Sie freute sich.

Mit Herrn Zenker lässt sich's gut über das Gesundheitswesen diskutieren, er ist kompetent und in keiner Richtung voreingenommen. Manchmal wünsche ich ihm, eigentlich mir, er käme einmal an sogenannter höherer Stelle zu Wort. Aber davor hat er einen Horror. Er glaubt nicht an eine höhere Vernunft der Regierung und auch nur selten an einen tieferen Sinn der veröffentlichten Meinung. Mir scheint, die halbe Bewohnerschaft der Altenburg ist durch sein Elysium gegangen.

Ein schöner Abend

Die Kirchen aller Religionen haben es immer gewusst: Feste sind Höhepunkte des menschlichen Lebens, sie können zu Zäsuren werden. Schon die Vielgötterkulturen vor der Wende zur monotheistischen Welt haben ihre Rituale nach wiederkehrenden Festtagen orientiert. Stammesriten entlegener Völker setzen das heute bis heute fort.

Das Augustinum mit den unterschiedlichen Ausprägungen je nach dem Kolorit seines Bundeslandes bezieht die Feierfreude nicht zuletzt aus seiner Verbindung zur evangelischen Diakonie. Um nur einige Beispiele aus unserem Wohnstift zu nennen: Neujahrsempfang der Stiftsdirektion, hauseigener Fasching, Maibaumfest, Erdbeerfest, Sommerfest, internes Oktoberfest, Weinfest, Christkindlmarkt, Ökumenische Christvesper und Geselliges Beisammensein zum Jahreswechsel, es endet mit dem gemeinsamen Ausblick auf das Feuerwerk von der Dachterrasse um Mitternacht.

Als wir nach uns einem halben Jahr unseres Eingewöhnens fein gekleidet zum ersten Weihnachtsabend im Hause in das Speiserestaurant aufmachten, sahen wir uns am Eingang um, weil wir nicht wussten, wohin wir uns wenden sollten. Der Serviceleiter brachte uns an den Vierertisch in einer Fensterecke, dort saß – wie sich herausstellte – das Ehepaar, das ich hier Geisinger nenne, auf seinem regulären Platz. Wir kannten sie bisher nur vom Sehen. Beide hatten schon mit ihrer Mahlzeit begonnen. Sie standen auf, und wir machten uns zum ersten Mal richtig mit einander bekannt, sie wirkten auf uns um einiges jünger. Wir fühlten uns erst einmal untergebracht und waren gespannt, was das Gespräch im Laufe des Abends ergeben werde.

Es dauerte nicht lange, bis auch wir das Festessen aufgetischt erhielten, es waren fünf Gänge, und besonders das Rinderfilet fanden wir köstlich. Die Reihenfolge der Speisen brauchte ihre Zeit. In jedem Essenszirkel entwickelten die Einzelnen ihre eigene Emsigkeit. Wir sind keine Gourmets, und doch verfolgten wir mit einem geradezu fachlichen Interesse die Mahlzeit und die Handreichungen der Servierenden, die alle unseretwegen den Weihnachtsabend bei ihren Familien versäumten. Mit solcherlei Beobachtungen und entsprechendem Meinungsaustausch war der Anfang unseres Zusammenseins ausgefüllt.

Erst als wir das Mahl in Ruhe beendet hatten, kristallisierte sich ein Gespräch heraus, das uns für mehrere Stunden in einem Disput beisammen halten sollte.

»Wir sind Urmünchner«, antwortete Herr Geisinger auf meine Frage nach ihrer Herkunft. »Wir haben uns bei der Arbeit in einer Gärtnerei kennengelernt. Beide hatten wir unsere Ausbildung abgeschlossen. Als uns klar wurde, das wir heiraten wollten, stand auch gleich fest: wir waren uns darin einig, dass wir unsere eigene Gärtnerei gründen wollten. Also legten wir unsere Ersparnisse zusammen, und ich verhandelte mit einer Bank über einen Kredit. In der ersten Nachkriegszeit war das alles noch ziemlich einfach. Die erforderlichen Investitionen ließen sich preiswert an. Besonders der Grund und Boden vor der Stadt draußen war billig. Außerdem wurden junge Unternehmer in der Wiederaufbauphase hinlänglich gefördert.«

Er füllte seiner Frau und sich Wein aus der Flasche nach, die vor ihm stand, dann fuhr er fort: »Kurz, ich hatte hinter

Feldmoching, wo gegenüber dem See damals noch alles unbebaut war, ein Stück Bauernland geerbt. Wir haben von vornherein langfristig geplant, und weil wir vorhatten, unsere Gärtnerei, wenn es gut ging, Schritt um Schritt zu vergrößern, haben wir auch gleich einige Hektar hinzu erworben.«

Seine Frau löste ihn ab: »Sie hätten uns sehen sollen. Zuerst bestanden wir überhaupt nur noch aus Arbeit. Alles machten wir selber, wir sahen abends, weil die Erde ziemlich feucht war, aus wie Moorleute.«

Stolz sprach aus ihrem Gesicht. Aus dem bisher Gesagten hatten wir auch herausgehört, dass unsere Vermutung zutraf: sie waren rund ein Jahrzehnt jünger als wir.

»Und was machen Sie beruflich?« wollte Herr Geisinger wissen, er schaute mich forschend an.

Während sie mir zuhörten, bestellte er eine neue Flasche von ihrem Wein. Natürlich hatten unsere Tischnachbarn bemerkt, dass wir keinen Wein tranken. Aber sie kommentierten das nicht, sondern prosteten uns mit ihren klingenden Pokalen zu, als enthielten unsere mit Tafelwasser gefüllten Gläser etwas Anspruchsvolleres.

Von den umliegenden Tischen drangen Gesprächsfetzen zu uns herüber, und durch den Saal schäumte ein aufeinander zulaufendes, rollendes Gemurmel. An den Tannenbäumen brannten die elektrischen Lichter, dazu noch die Adventskränze, die mit je vier dicken roten Kerzen an ebenso roten Bändern von der Decke herabhingen. In der Erinnerung an meine freie Mitarbeit beim Bayerischen Fernsehen fiel mir ein, dass hier für das Geräuscharchiv eine Büchse mit dem Titel »Laute Feststimmung« einzufangen wäre.

Die meist jungen Frauen, die uns Hausbewohner versorgten, trugen Teller ab und kehrten mit neuen Speisen für

Nachzügler wieder. In ihren weißen Blusen mit schwarzen Schleifen und ebenso schwarzen, langen Röcken schaukelten sie durch die Reihen mal mit leerem Geschirr, mal mit neuen Köstlichkeiten. Sie balancierten Tellertürme auf ihren Händen und Armen.

Ich begann, aus meinem Bücherberuf zu berichten: Wie die Erneuerung des Verlagswesens in dem vom Bombenkrieg heillos zerstörten München Schritt um Schritt überall improvisiert und doch in paralleler Zielstrebigkeit wie in einem gemeinsam festgesetzten Programm verlaufen war.

»Wir sind 1952 aus Stuttgart hierher gezogen, und es dauerte eine kleine Ewigkeit, bis wir nach all den Untermietzimmern endlich zu unserer ersten eigenen Wohnung kamen. Später sind wir nach Schwabing umgezogen. Sechs Jahre war ich Pressemann und Mitarbeiter des Lektorats im Piper Verlag in der Georgenstraße, gleich hinter dem Siegestor.«

»Vergiss die Kinder nicht«, warf meine Frau ein. »Sie brauchten mehr und mehr ihren eigenen Raum. Und ich wollte doch immer ins Grüne, möglichst nah am Englischen Garten.«

»Mit den Kindern, das war bei uns natürlich das Gleiche, aber Grün hatten sie's bei uns sowieso«, ergänzte Frau Geisinger, die Marlen gegenüber saß.

Ihr Mann kehrte beharrlich zu seinem Lieblingsthema zurück. »Das wirklich Mitteilenswerte ist in meinen Augen, wie sich der Gärtnerberuf innerhalb unseres Arbeitslebens verändert hat. So rasch, wie das geschah, haben wir uns das zu Anfang gar nicht vorstellen können.« Mit der Zeit sei ihnen nichts anderes übriglieben, als jedes Mal zu reagieren, wenn der Markt sich veränderte und eine Umstellung erzwang. «So ist unsere Firma in einem ständigen Wandel groß geworden, und wir kamen dem Tempo der Entwicklung kaum noch nach.«

Er machte eine Pause, schöpfte Atem und ergänzte: »Sie können sich die Gärtnerei da draußen ja mal ansehen.«

»Das werden wir tun, bestimmt, spätestens im Frühjahr.«

Wir schwiegen eine Weile, dabei lag noch die Spannung wie nach einem die Fortsetzung fordernden Schluss eines Romankapitels in der Luft.

»Mein Mann hatte immer gute Beziehungen zu Banken. Bald brauchten wir keine Kredite mehr, und er konnte andere, die Unternehmen aufbauten, kaufmännisch beraten. Man hat ihn dann auch in alle möglichen Gremien gewählt.«

Es war die Geschichte eines allmählichen Aufstiegs, die wir einander bestätigten, und es war die Geschichte einer ganzen Generation.

»Was sich am meisten geändert hat, ist das Geschäft mit Blumen«, sagte Herr Geisinger..

«Das hing mit der Entwicklung der Löhne zusammen. Nur für eine kurze Zeit waren Arbeitskräfte billig. Bald verlangten die Mitarbeiter ihren berechtigten Anteil am Erfolg, und das von da an fast in jedem Jahr neu.«

In den fünfziger Jahren und noch zu Anfang der sechziger hätten sie mit den Münchner Hotels sehr erfolgreiche Geschäfte gemacht, vor allem mit den großen Häusern. »Sie brauchten immer neuen Blumenschmuck fürs Foyer, ihre Festräume und die kostspieligen Zimmer. Aber eines Tages rechnete sich das nicht mehr.«

»Unser Ältester, dem wir die Gärtnerei übertragen haben«, erklärte uns seine Frau, »hat den Verkauf völlig verändert. Mit Blumen allein geht gar nichts mehr in großem Stil. Heute heißt der Wahlspruch der Gärtnerei: *Blumen und mehr.* Heute bieten sie außer Erde auch Sträucher und begehrte kleinere Baumsorten an, dazu Gartengeräte. In Feldmoching und einer Sadt-Filiale hat unser Sohn alles auf Beratung und Kundendienst abgestellt.«

Nach einigem Warten setzte Herr Geisinger wiederum neu an: »Wissen Sie, woher die Blumen kommen, die Sie auf Supermärkten kaufen? Aus Brasilien, Israel oder vielleicht auch Südafrika. Und bevor die Blumen sorgsam in Transportflugzeuge verladen werden, hat man sie mit Kältegraden in ein künstliches Koma versetzt. Sie werden in einer Nährlösung kühl gestellt, vorher hat man Sauerstoff herausgepumpt. So dämmern sie wie im Eisschlaf vor sich hin. Eine Million Nelken gehen in einen Flieger.«

Er nahm wieder einen Schluck Wein, und es war zu spüren, dass ihm bewusst war, wie sein Bericht uns fesselte.

»Der ganze Blumensegen kommt in Amsterdam herunter, da werden die losen Sträuße in riesigen Hallen von Tausenden arbeitsamer Hände, während die Stängel und Blüten wieder auftauen nach Sorten getrennt, verteilt, gebündelt, verpackt und der Versteigerung zugeleitet. Alles ist so organisiert, dass sie ihre Ziele in Europa meist in wenigen Stunden erreichen.« Wir waren fasziniert, und wir sahen die Kübel in den Großmärkten vor uns, nach denen wir schon oft gegriffen hatten.

Von anderen Tischen erhoben sich nach und nach Gäste, sie verabschiedeten sich und strebten ihren Wohnungen zu. Wir dachten noch nicht daran aufzubrechen. Nun konnte ich von der entsprechenden Entwicklung im Verlagswesen berichten. Von dem Zwang, dass führende Verlage wie

Hanser in München, Suhrkamp (noch) und S. Fischer in Frankfurt am Main, Rowohlt in Reinbek bei Hamburg zum einen immer mehr andere Verlage aufkaufen und selbst fusionieren. Zum anderen müssen sie jedes Jahr ein oder zwei Weltbestseller auf dem grellen Markt internationaler Agenturen zu enormen Preisen erwerben, um ihre übrige Produktion überhaupt noch aufrecht zu erhalten und ihre Mitarbeiter zu bezahlen.

Ich hätte endlos weiter so reden können, aber meine Frau legte ihre linke Hand auf meinen rechten Arm, was soviel hieß wie: es reicht, lass uns jetzt lieber an Aufbruch denken.

Natürlich ergab es sich, dass wir beiderseitig nach diesem gesprächigen Abend den Kontakt aufrecht erhielten. Als wir die Tür zu unserer Wohnung aufschlossen, sahen wir das weihnachtliche Angebinde draußen am Briefkasten und drinnen auf unserem Weihnachtstisch außer Geschenken von der Familie die Wohltaten, mit denen die Hausverwaltung uns verwöhnt hatte. Für manche alleinstehenden Bewohner sind sie vielleicht das einzige Geschenk. Wir schauten uns auch noch einmal Nachrichten an. Es war uns nicht gerade christlich zu Mute, als wir schlafen gingen, aber wir waren's zufrieden; denn wir hatten es bei Tisch gut getroffen.

Unter den Festen der ersten Zeit ist mir besonders noch der Fasching eineinhalb Monate später in Erinnerung, und er hat es in sich mit einer bestimmten Gestalt. Unser Stiftsdirektor Johannes Weigl, der sich aller Feste mit einer Begeisterung annahm, die nichts Gekünsteltes an sich hatte, triumphierte als Clown. Unsererseits hatten wir in jungen Jahren so hingerissen wie ausdauernd Münchner Fasching gefeiert, dass wir dieser Erinnerung nun im Alter nicht noch eins drauf setzen wollten, doch Herr Weigl schaffte es, uns in das allgemeine Treiben einzubeziehen. Als wir die sich mit Maßen tummelnde Menge durchquerten, um für einen Abendgang ins Freie zu gelangen, dienerte er vor uns in perfekter Montur. Auf der Nase prangte ein roter Ball, auf dem Kopf ein Zylinder. Sein Gesicht war weiß geschminkt und die Backen rosarot. Er überreichte meiner Frau eine Mohnblume aus dunkelrotem Papier, salbte mich mit einer Prise Konfetti und lachte.

Das Weigl-Lachen höre ich heute noch in der Halle. Er schlug es kurz und knackend wie auf dunklen Tasten, aber auch mit hellerer Färbung an, und manchmal war das so unwiderstehlich, dass man nur noch mitlachen konnte. Dabei war er im Grunde ein Meister in ernsten Dingen. Weigl war die soziale Solidarität in Person. Sein Gerechtigkeitsbemühen konnte man sprichwörtlich nennen.

Er besuchte uns einige Zeit, nachdem wir eingezogen waren, in unserer Wohnung, ein Mann Mitte fünfzig mit einem kantigen Gesicht und klaren Augen. Er sagte ein paar Worte zu sich und fragte nach uns, zeigte sich aber bereits gut informiert. Gleich wollte er auf meine Rolle als Autor hinaus und hoffte auf Lesungen oder Vorträge. Aus diesen ersten Erwägungen sind ab Anfang des neuen Jahres die »Bücherstunden« entstanden; sie wurden von der Kulturreferentin betreut.

Johannes Weigl wandte sich bei seinem ersten Besuch auch an Marlen, ob sie Musikbeiträge gestalten könne, aber sie winkte so freundlich wie entschieden ab. Das sei nicht ihre Sache, sie freue sich jedoch auf manche Konzerte; erst einmal sei sie damit beschäftigt, sich zu informieren.

Der Stiftsleiter blieb gerade lang genug, um einige Anstöße und Ausblicke zu hinterlassen. Er gefiel uns beiden.

Im Lauf der nächsten Monate lernten wir ihn genauer kennen, durch seine Reden zu Festen des Jahres und Höhepunkten des Augustinum-Kalenders. Seine Ansprachen waren zugreifend in der Sache, scheinbar einfach zu verstehen und immer darauf ausgerichtet, möglichst alle Zuhörenden einzubeziehen. Dabei fiel ihm auch immer wieder etwas ein, das die Zuhörer zum Lachen brachte, und sein knackiges Lachen war durchdingend zu hören.

Er appellierte oft an den Gemeinschaftssinn. Ich verfolgte das beteiligt, weil mich seine Professionalität überzeugte. Aber zum Mitmachen fühlte ich mich selten aufgefordert. Ich habe zweimal in meinem Leben, als Soldat im Krieg und dreißig Jahre später in der Politik, den Verpflichtungen für die Allgemeinheit entsprochen. Zunächst war es die diktatorische Gemeinschaft des »Du bist nichts, dein Volk ist alles«. In den siebziger Jahren erfüllte ich dann – dem Bemühen nach – als Bundestagsabgeordneter die Dienstpflicht für das Gemeinwohl nach dem Grundgesetz. Das eine wie das andere Mal kam ich jahrelang mit äußerst unterschiedlichen Menschen und allen sozialen Situationen in hautnahe Berührung. Kein Wunder, dass ich denke, ich habe an Gemeinsinn mein Teil getan. Vielleicht ergibt sich daraus ja doch ein Guthaben, nun im Alter frei über mich zu verfügen?

Johannes Weigel ist nicht mehr bei uns. Er wurde turnusmäßig im Herbst 2012 zur Leitung des Augustinums Braunschweig berufen. An seine Stelle trat im Austausch die bislang dortige Stiftsdirektorin Elke Schmidt. Das ist ein absoluter Wechsel. Diese Frau ist ein Kraftwerk.

Frauen um die Neunzig

Sie sind während des ersten Weltkriegs oder zur Zeit der Weimarer Republik geboren. Innerhalb der Frauenmehrheit unseres Augustinums erscheinen sie mir als eine herausragende Gruppe. Sie alle gemeinsam bilden einen Typ, den es so nie wieder geben wird. Ihre Kennzeichen sind Lebenswissen und Gelassenheit, geistige Disziplin und ihre innerlich aufrechte Haltung, selbst wenn sie sich über einen Rollwagen beugen. Sie klagen nicht. Zu ihnen passt ein Wort, das heute nur noch selten benutzt wird: Anstand. Mit einzelnen von ihnen zu sprechen, ist oft eine Freude. Ganze Biographien blättern auf. Viele von ihnen beherrschen mehrere Sprachen, und in jedem Idiom wahren sie eine Zuvorkommenheit, die Distanz mit Zuwendung verbindet. Sie haben einen prüfenden Blick, als ginge es darum, jedes neue Gegenüber schätzend zu wiegen, und während sie einem zuhören, scheinen ihre Gesichtszüge auszudrücken: an ihrer Sprache lassen sich die Menschen erkennen. Ihr Schicksal hat sie, so verschieden und doch so ähnlich, durch die Zeitspanne dreier Generationen in zwei Jahrhunderten geführt. Und was haben sie alles erlebt!

Viele von ihnen waren als kleine Kinder unterernährt, so sehr die Mütter sich auch bemühten, auf Fahrten über Land Milch und Butter gegen Silber oder etwa Großvaters goldene Uhr einzutauschen. Ab 1916 – der Stellungskrieg um Verdun wühlte die Erde um und begrub Freund und Feind – reichte, was man auf die Lebensmittelmarken zu Hause in Deutschenland erhielt, längst nicht mehr aus, um die Bevölkerung auch nur annähernd ausreichend zu ernähren. Man sah viele Kinder mit großen Köpfen und dürren Beinen.

Mehr und mehr Soldatenfrauen wurden Witwen, und nicht wenige von ihnen fanden angesichts Millionen Gefallener nicht noch einmal einen Mann. Als Deutschland kapitulierte, das Schlimmste vorüber war, das Kaiserreich zerbrach und die Republik ausgerufen wurde, schworen sich die meisten Überlebenden, einen Krieg mit diesen fürchterlichen Waffen dürfe es nie wieder geben. Die Feldgrauen, die aus West und Ost zurückkehrten, waren ein geschlagener Haufen.

Bald flatterten die Milliardenscheine der Inflation über die Kassenschalter. Die Ältesten unter den Frauen um die Neunzig können sich noch an die Fememorde der ersten Nachkriegszeit, an häufige Regierungswechsel und blutige Straßenkämpfe der politischen Gegner erinnern.

Doch Kinder, die laufen und danach sprechen lernen, nehmen alles um sich herum selbstverständlich. Sie gründen sich ihre eigene Welt, da mag draußen vor der Tür geschehen was will. Als sie zur Schule kamen, ließen sie mit raschem Kopfdrehen stolz ihre Zöpfe schwingen. Mancher Lehrer hatte für die Neuen in der ersten Klasse Märchenbilder mit bunter Kreide an die Tafel gemalt. Einzelne Mädchen hielten ihre liebste Puppe oder einen Teddy im Arm. Im Schulhof warteten die Mütter mit bunten, an der Spitze gebauschten Zuckertüten auf die Eingeschulten.

Die kleinen Mädchen liebten ihre Mütter und ihren Vater, wenn er heimgekehrt war. Sie hingen an ihren Puppen und ihrer Spielecke im Kinderzimmer, und sie begeisterten sich für ihre Freundinnen mit dem heißen Herzen ihrer fünf, neun, vierzehn Jahre. Im Freien übten sie sich im Reifenschlagen und Ballfangen. Gern ließen sie ihre Jojos auf und ab wippen. Die Töchter beobachteten genau, in welchen Kleidern und Frisuren und mit wem ihre Mütter ausgingen. Manche Familien besaßen zuhause schon ein Telefon. Die ersten Radios erklangen Ende der zwanziger Jahre in Bürgerstuben. Gleichzeitig lebten manche Großeltern in entlegenen Dörfern weiter bei Petroleumlampen, weil dort noch kein elektrisches Licht angeschlossen war. In vielen Städten gingen abends die Beleuchter noch mit ihren Zündstangen für die Gaslaternen durch die Straßen.

Irgendwo schepperte ein Grammophon Marlene Dietrichs Schlager »Ich bin von Kopf bis Fuß auf Liebe eingestellt«. Da konnten sie nur staunen, das war nicht ihre Welt. Als junge Frauen lasen sie Ina Seidels Roman »Das Wunschkind«.

Zwischen den heutigen Frauen um die Neunzig und ihren Töchtern wie Enkelinnen hat sich der erste tatsächlich revolutionäre Wandel im Frauenleben seit Menschengedenken vollzogen. Bis um die Mitte des 19. Jahrhunderts hatten die Männer beliebig über die Körper ihrer Frauen verfügt. Fünfzehn Geburten waren keine Seltenheit. Viele junge Frauen starben nach der soundsovielten Schwangerschaft im Kindbett. Der Mann nahm sich eine neue, meist jüngere Frau und zeugte weiter, als wäre das gottgewollt. Nur die großen Liebenden gingen schon immer ihre eigenen Wege.

Befreit wurden die Frauen von dem scheinbar ewigen Unterworfensein unter die Vorherrschaft der Männer, die sie körperlich in Besitz nahmen, als wäre jede Ehefrau oder Geliebte ihr Eigentum. Entscheidend dafür war 1950 das Forschungsergebnis eines amerikanischen Teams um den aus Wien emigrierten Chemiker Carl Djerassi: die Antibabypille. Sie beendete bald auch in Deutschland das monatliche Zittern unzähliger junger Paare. (Djerassies Autobiographie: »Der Schattensammler« 2013).

Diese heutigen Großmütter und Urgroßmütter sind in ihrer Jugend in jeder Hinsicht noch zum »Wie es immer schon war« erzogen worden. Als werdende Frauen wurden sie in erster Linie auf die Ehe und ihre Mutterrolle in der Gesellschaft eingestimmt. Bis in den zweiten Weltkrieg hinein galt noch die scheinbar unabänderliche Rollenverteilung: Frauen des mittleren und oberen Bürgertums blieben zu Hause, zogen die Kinder groß, hatten ein Dienstmädchen, das in der Regel aus einem der Dörfer rings um die Städte stammte. Sie waren eben die »gnädige Frau« und wurden meist auch so angeredet.

Diese Mädchen, zu Beginn ihrer Dienstzeit oft nur sechzehn Jahre alt, wurden in einem kleinen Zimmer innerhalb der weitläufigen Familienwohnung oder in einer Dachstube untergebracht. Sie erhielten 30 bis 40 Reichsmark Lohn im Monat, ab und zu eine Schürze, ein Kleid zum Geburtstag und vielleicht noch eines zu Weihnachten. Dazu kam ein freier Nachmittag in der Woche und ein freier Sonntag pro Monat.

Und dann brach das alles zusammen. Elsbeth, Frieda, Emilie oder Herta, wie immer sie hieß, hütete das Zuhause, derweil der Hausherr und zwei Söhne an den Fronten dienten und »die Herrschaften« sich in Gestalt der Ehefrau und einer Tochter vor dem Bombenkrieg zu Verwandten in eine kleine Stadt ohne Rüstungsbetrieb zurückgezogen hatten.

So manches Hausmädchen, wie man sie inzwischen auf Grund der Gefahren nannte, denen sie gemeinsam ausgesetzt waren, hat seine Anhänglichkeit an die Familie, deren

Kinder es längst in ihr Herz geschlossen hatte, mit dem Leben bezahlt. Die Tote wurde unterm Schutt des zertrümmerten Hauses ausgegraben, und wenn niemand wusste, wohin sie hingehörte, in einem Massengrab verscharrt.

Die sogenannten »besseren Familien« waren vielfach nicht der Nazi-Ideologie erlegen. Ihre Gesinnung hatte sich weitgehend deutschnational erhalten, nicht Hakenkreuz, sondern Schwarz-Weiß-Rot. Die Töchter gingen aufs Lyzeum. Nach dem Abitur wurden sie fast alle zum Arbeitsdienst in der Landwirtschaft eingezogen. Danach hat man sie als Luftwaffenhelferinnen, im Lazarettdienst oder als Schreibkräfte und Telefonistinnen der Wehrmacht ausgebildet und eingesetzt. Einige wurden auch Horcherinnen bei der Fliegerabwehr.

Die Frauen um die Neunzig waren damals um die Dreißig, verheiratet, Mütter. Viele verloren ihren Mann »auf dem Felde der Ehre«. Kaum einer der überkommenen Begriffe stimmte noch mit der Wirklichkeit überein. Nur hatte sich eben doch der Glaube an die Notwendigkeit des Gehorsams selbst in Frauenköpfen tief eingenistet. Dabei halfen besonders die Kirchen, die sich in der Not wieder füllten.

Das Christentum blieb trotz Hitlers öffentlich verkündetem völkischem Glauben, alles wäre durch eine »Vorsehung« bestimmt, und trotz jener Pfarrer, die das Parteiabzeichen am Talar trugen, eine der Grundlagen der bürgerlichen Kultur. Das schien unwandelbar zu sein.

Die jäh eintretende Stille am 8. Mai 1945 ist oft beschrieben worden. Es fielen keine Bomben mehr, keine Granaten schlugen ein, kein Maschinengewehr bestrich noch das Gebüsch hinter den Wiesen, um fliehende Soldaten zu treffen. Nach und nach tauchten die Deutschen in Dörfern und Städten aus ihren Kellern auf. Sie sahen den einrückenden Engländern zu oder den Amerikanern, die aus ihren Jeeps mit ausgestreckten Händen Kaugummi oder Schokolade an die Kinder verteilten. Das war ein unvergesslicher Eindruck, er fällt den Alten heute zuerst ein, wenn sie von jungen Leuten gefragt werden, wie sie das Kriegsende erlebt haben.

Gemeinsam war den noch jungen Frauen, die heute die Jahre um die Neunzig erreicht haben: sie konnten sich die Zeit nach dem Krieg nicht anders vorstellen als eine unabsehbar lange währende Epoche des Aufräumens, der Entbehrungen und ihrer inneren Suche nach einer persönlichen neuen Ordnung. Das würde nicht möglich sein, dachten sie, ohne ihre eigene Antwort auf die Frage nach ihrer Mitverantwortung an allem Geschehenen.

Wie rasch dann doch alles anders kam und was dazu führte, darüber bleiben die Meinungen geteilt. Tatsache ist, dass viele Frauen ihrer Generation, die mit ihren Eltern emigriert oder von Angehörigen in freie Länder geschickt worden waren, nach und nach zögernd in das Land ihrer Muttersprache zurückgekehrt sind.

Einige von ihnen gaben auf Fragen von Journalisten öffentliche Erklärungen ab, die inhaltlich fast wörtlich das Gleiche ausdrückten: »Dieses Land ist mein Zuhause geblieben. Ich hoffe auf die Deutschen, die zu jung waren, um persönlich eine Mitschuld zu haben. Älteren Männern gegenüber bleibe ich vorsichtig. Ich stelle mir vor, was sie getan haben könnten. Aber ich habe kein Vorurteil.«

Die heutigen Frauen um die Neunzig hatten damals erst ihr erstes Lebensdrittel hinter sich gebracht. Sie gingen ins Theater – viele Schauspielhäuser waren noch halbe Ruinen – und waren beeindruckt von Carl Zuckmayers Drama »Des Teufels General«. Nicht Wenige von ihnen lasen lieber das Erinnerungsbuch seiner Frau Alice Herdan-Zuckmayer: »Die Farm in den grünen Bergen«, es ließ sie von Wäldern, Seen und Gebirgen an der amerikanisch-kanadischen Grenze träumen.

Je länger wir im Augustinum zu Hause sind, umso näher lerne ich einzelne Frauen dieses Typs um die Neunzig kennen: Da ist Erika Wieland, die mit ihrer Familie in einem kleinen Ort im Schwarzwald lebte. Ihr Mann, Redakteur beim Südwestfunk, pendelte nach Baden-Baden; er lebt nicht mehr. Sie hat drei Töchter, eine in München, eine in Norwegen und eine wohl nicht weit von ihrem Geburtsort.

Frau Wieland, groß gewachsen, aufrecht, immer in gerader Haltung, ist eine Helferin. Sie kümmert sich um viele andere im Haus, wen die sich nicht mehr so frei bewegen können wie sie. Sie gehört zum kirchlichen Beirat und ist, so oft ich sie treffe, fast jedes Mal unterwegs zu einer Hilfsaktion. Gerne verteilt sie kleine Süßigkeiten, zum Beispiel Schokoladensterne aus Lübecker Marzipan zum neuen Jahr in den Arbeitsgruppen des Wohnstifts, denen sie angehört.

Wenn es einmal zu einem ruhigen Gespräch mit ihr kommt, erfährt man vor allem, wie sehr sie exemplarisch für die Geschichte der Frauen im zweiten Weltkrieg steht. Für die Mühsal, die Kinder satt zu bekommen, sie in ihrer Entwicklung entsprechend den unterschiedlichen Begabungen zu erziehen und ihnen so weit möglich den Vater zu ersetzen, der selten von der Font auf Urlaub kam. Das alles gab ihrem Dasein den eigenen Klang und den sie heute noch belebenden Sinn. Das verraten ihre leuchtenden Augen, wenn sie davon erzählt. Als ihr Mann relativ früh starb, ist trotzdem nie eine Bitterkeit in ihr aufgekommen. Im Gegenteil, sie spricht immer wieder von ihrer Lebensdankbarkeit:

»So schwierig ich es manchmal fand, das alles durchzustehen, am Ende lag im Schweren doch oft auch etwas Gutes. Wichtig ist es, den Glauben an eine gute Fügung nicht zu verlieren. Im Alter einmal so gut aufgehoben und versorgt zu sein, wie wir hier in unseren Wohnungen, das habe ich mir in früheren Jahren nicht vorstellen können.«

Erika Wielands Gedanken sind Verästelungen, die ausgreifen und ihre Töchter umarmen, deren Kinder und auch schon Urenkel. Sie ist froh zu erleben, wie das Leben weiter geht und darin auch ein Teil von ihr.

Da ist Viola Vancura aus Prag, auch sie erst nach dem Tod ihres Mannes hier eingezogen. Sie ist schlank, schmal und trägt ihr geordnetes, in Wellen gelegtes Haar im Nacken aufgesteckt. Frau Vancura hat ein langes ovales Gesicht, und ihr ruhiges, nachdenkliches Wesen begegnet jedem, der ihr entgegen tritt, gleich beim ersten Kennenlernen aus ihren Augen. Sie beteiligt sich an Gesprächen vor allem dann, wenn sie etwas zu sagen weiß, das noch nicht in Äußerungen anderer angeklungen ist. Als in einer Arbeitsgruppe, an der ich teilnahm, einmal alle in der Runde gebeten wurden, einander reihum etwas von ihrer Herkunft zu erzählen, fasste sie ihre Lebensgeschichte nach meiner Erinnerung etwa so zusammen:

»Meine Muttersprache ist tschechisch. Die Familie lebte nahe bei Prag, so dass wir Geschwister uns in unserer Jugend vor allem dort wohl fühlten. Als Hitlers Wehrmacht einrückte, war der Familiensitz auf dem Land unsere Zuflucht. Nur unser Vater musste sein juristisches Amt die ganze Zeit weiterhin ausfüllen, das war ein ständiger Balanceakt.«

In den Wirren der Nachkriegszeit, als sie zu Anfang doch auf ein freieres Leben gehofft hätten, seien sie auf andere Weise gleich wieder eingepfercht gewesen. Sie habe einen Studienkollegen geheiratet, einen Juristen. Bald sei ihnen beiden klar geworden, dass ihnen nur noch eines übrig blieb, sich nämlich gemeinsam nach dem Westen abzusetzen.

»Das ging damals von Prag aus am ehesten über die DDR, und via Dresden erreichten wir 1954 Berlin. Als wir uns bei einer Sammelstelle für Flüchtlinge meldeten, trennten uns die Beamten gleich von denen, die es aus der DDR geschafft hatten. Wir wurden einer Dienststelle der Amerikaner übergeben. Vorerst haben wir nicht recht begriffen, was das bedeuten sollte. Das stellte sich dann heraus, als wir eingehend befragt wurden, wie wir die Situation in CSSR politisch und wirtschaftlich beurteilten.«

Sie machte eine Pause und schaute uns an, als wolle sie uns fragen, ob sie nicht schon zu lange geredet habe; erst als mehrere von uns ihr ermunternd zunickten, fuhr sie fort:

»Danach sind wir mit einer amerikanischen Maschine zum Flughafen Köln/Bonn ausgeflogen worden. Es hat viele Monate gedauert, bis wir uns innerhalb der Bundesrepublik in einem gewissen Umkreis frei bewegen und auch etwas Geld verdienen konnten. Zu Anfang hat man uns nur körperliche Arbeiten aufgetragen.«

Schließlich fanden beide im Raum München befriedigende Anstellungen in Wirtschaftsunternehmen; sie als studierte Apothekerin. Spuren dieses Lebens sind mit feinen Linien in Viola Vancuras Gesicht eingraviert. Sie schwingen mit, wenn sie lächelt, und das tut sie aus Freundlichkeit, wenn auch zögerlich, im Grunde gern. Ihr Mann starb 1990, und sie ist mit 80 Jahren in unser Augustinum eingezogen.

Ich sehe sie oft im Haus oder im Park unterwegs mit ihrer Freundin, einer Augenärztin aus Dresden; an Stolperstellen halten sie sich vorsichtig an einander fest.

Und da ist Frauke Landsend aus Bremerhaven mit Verwandten in Ostfriesland, einmal schräg durch sechs Bundesländer von München entfernt. Sie kann als ein Beispiel dafür gelten, dass sich manche Menschen vom Gegenteil ihrer heimatlichen Umgebung angezogen fühlen. Ihre Herkunftsregion jedenfalls ist platt wie ein riesiger Pfannkuchen, zugleich aber fruchtbar und moorig mit Wassergräben und unzähligen Viehweiden. Die Landschaft zwischen Wilhelmshaven, Wittmund und Carolinensiehl besitzt eine vielfältige Kleinindustrie sowie zahlreiche Küstenorte mit Häfen, Fischkuttern und Dampferlinien zu den Inseln.

Frau Landsend lebt seit 12 Jahren in unserem Augustinum. Über viele Jahre hin ist sie im Sommer in den Alpen gewandert. Offenbar ist sie dabei nicht nur breite Wege aufwärts geschritten, sondern auch mit anderen unter Leitung eines Bergführers am Seil aufgestiegen. Von Beruf war sie Lehrerin. Etwas vorbildhaft Erziehendes haftet ihr auch jetzt noch an. Sie ist immer bereit zur Mithilfe auf der Demenzstation, macht mit den täglich dort Versammelten einfache Spiele und sorgt dafür, dass diejenigen, die noch sprechen mögen, sich auch äußern, so gut sie es können.

Sie hat noch Verwandte in ihrer Geburtsstadt, dazu eine Tochter, die in Neckarhausen lebt und sie manchmal besucht oder sie holt die Mutter dorthin. Zwischen uns herrscht ein gewisses Vertrauen. Sie speist mittags ganz in unserer Nähe. Weil ich weiß, dass sie an ihrem Tisch nur noch in einer bestimmten Richtung sitzen möchte, nehme ich mir die Freiheit und rufe ich ihr ein freundliches »Halt!« zu, falls sie sich aus lauter Gewohnheit doch wieder in die andere Ecke setzt. Sie nimmt mir das nicht übel, im Gegenteil.

»Danke, gut so«, sagte sie neulich, »ein kleiner Schock muss dabei sein. Wenn ich Sie nicht hätte!«

Eines Tages erschien sie mit Pflastern auf der Nase, und ich schaute sie fragend an.

Sie deutete mit dem Zeigefinger nach oben auf ihre Blessur, sah mich prüfend an, und was sie mir erwiderte, entsprach haargenau ihrem Charakter: »Hautproben sind zur Untersuchung eingeschickt worden. Ich muss abwarten, was dabei herauskommt. Aber ich fürchte mich nicht davor. Ich nehme es, wie es kommt.«

Während ich am Entwurf zu diesem Kapitel schrieb, starb in Tübingen eine alte Dame, die rund ein Jahrzehnt älter war als die hiesigen Frauen um die Neunzig. Dennoch passt sie für mich mit ihrer Standfestigkeit und ihrem Glauben an den Sinn jedes Menschenlebens und aller Dinge zu diesem in Zukunft wohl niemals wiederkehrenden Frauenbild. Es handelt sich um die zweite Frau meines Vaters, sie vollendete ihr Schicksal in ihrem hundertsten Jahr mit einem wundervollen Tod.

Marga war 18 Jahre jünger als unser Vater, und sie hat ihn um zweiunddreißig Jahre überlebt. In Tübingen wohnte sie seit sieben Jahren im Luise-Wetzel-Stift, das kleiner und einfacher ist als die Augustinum-Wohnstifte. Ich habe damals ihren Umzug vorbereitet und durchgeführt. Marga hat sich gegen den Verlust ihrer Freiheit, wie sie ihren Eintritt dort empfand, noch angesichts des Möbelwagens heftig gewehrt. Aber sie konnte nicht noch länger allein in ihrer schönen Wohnung mit dem Blick über die Stadt und die Albberge leben. Sie war im Flur ein paar Mal gestürzt. Es war für sie zu gefährlich, dort weiter zu bleiben. Das sah sie ein, und auch wieder nicht.

Nun reiste ich ihrem Vermächtnis als Testamentsvollstrecker auf der so von mir oft befahrenen Strecke entgegen und hörte die Schienen das Lied vom Abschied singen.

Es war Winter. Die Eispollen auf den Bürgersteigen machten mir den Aufstieg aus dem Hotel zur »Wanne«, jenem hochgelegenen Talkessel, schwer. Zum Ausgleich war es bei den mütterlichen Verwandten Margas gastlich und warm. Es gab für uns alle – mit verteilten Rollen – eine Woche lang von früh bis spät eine Menge zu tun.

Marga ist in ihren letzten Tagen nicht bettlägerig gewesen, sie hat ihre Mahlzeiten wie immer im Speiseraum gemeinsam mit anderen Insassen eingenommen und sich am Abend zu ihrer üblichen Zeit schlafen gelegt. Die Nachtschwester hat sie noch atmen gehört. Am anderen Morgen in aller Frühe hat die Stationsschwester sie leblos aufgefunden. Sie rief mich gleich in München an, ich verständigte anschließend meinen Bruder in Hamburg und meine Schwester in Pacific Palisades in Kalifornien sowie die Tübinger Angehörigen.

Margas Arzt wurde aus der Nähe herbeigerufen, er stellte den Totenschein aus. Ich habe sie aufgebahrt gesehen, ihr Gesicht, von Rosen umrahmt, war vollkommen friedlich und trug einen Ausdruck, als wäre sie nach diesem langen

Leben mit sich zufrieden und auch mit allen Altersbeschwerden versöhnt. Unsere Mutter war mit Achtundfünfzig nach langem Leiden in Braunschweig einen grausam schweren Tod gestorben. Ich habe sie mit Hilfe der Friedhofsträger eingesargt. Mein Vater brachte das nicht fertig. Als ich aus dem Zimmer wieder auftauchte, drückte er mir ein Glas Cognac in die Hand. Es war Mitte November.

Zu Weihnachten, Vater war am 24. Dezember geboren, habe ich ihn in der Braunschweiger Wohnung besucht. Er lebte nun völlig allein und erschien mir bei all seinem Bemühen um Haltung innerlich ziemlich verloren. Wir saßen abends lange beim Wein und sprachen von seiner Arbeit als Prokurist der Brauerei Wolters sowie von meiner kleinen Familie in München. Die Pausen dehnten sich. Mutters Zimmer war kalt und stand leer. Die Wanduhr tickte. Die Geräusche vorüber fahrender Autos drangen zu uns herauf.

Ich versuchte, mich in seine Lage hinein zu versetzen. Am anderen Morgen habe ich ihm nach dem Frühstück gesagt: »Vater, Du solltest wieder heiraten, ich bin sicher, meine Mutter, Deine Frau hat das auch so gesehen. Einmal hat sie vorausschauend in diesem Sinn mit mir gesprochen.«

»Vielleicht hast Du Recht. Aber wen denn?«

Da habe ich ihm spontan geantwortet: »Marga Klausing in Blankenburg. Sie hat den Mann, den sie zu heiraten hoffte, im Krieg verloren. Ihr Bruder, der dann auch noch gefallen ist, war im Russlandkrieg Dein vertrauter Adjutant, auf den Du Dich verlassen konntest. Die Familie Klausing und Mutters Eltern gingen in Blankenburg freundschaftlich mit einander um. Marga kannte auch unsere Mutter von einem Besuch in der Nachkriegszeit.«

Er sah mich schweigend und nachdenklich an.

Schließlich fasste ich meinen Rat zusammen: »Vater, wenn ich morgen abgereist bin, setz Dich hin, schreib ihr einen Brief, lass sie wissen, wie es Dir ergeht, und frag sie rundheraus, ob sie sich vorstellen kann, Dich zu heiraten.«

Und so kam es. Vaters Bruder Martin, Panzergeneral in der Schlacht um Stalingrad, hatte sich nach der Gefangenschaft für die DDR entschieden. Er leitete in Ostberlin eine Abteilung im Ministerium für Schwermaschinenbau. Pünktlich wie verabredet kam er mit seinem Fahrer nach Blankenburg, und er verhalf Marga zum Umzug in die Bundesrepublik, sogar mit Möbeln.

Margas Jahrhundertleben spiegelt ihre Persönlichkeit mit all ihren Stärken und Eigenheiten, Vorzügen und Schwächen in den Brechungen der Zeitgeschichte. Sie wurde als Tochter eines Industriellen und einer Arzttochter 1913 in Elberfeld geboren. Im ersten Weltkrieg lernte sie Angst und Hunger kennen. Als Schülerin in Berlin erlebte sie Straßenkämpfe politischer Rivalen mit. 1933, als die Diktatur der Nazis begann, machte sie ihr Abitur.

Es folgten eine Lehre im Buchhandel und die Anstellung in einer Bibliothek. Als Hitler mit dem Überfall auf Polen den zweiten Weltkrieg auslöste, versuchte sie – über sich selber irrend – ein Studium der Nationalökonomie. Endlich setzte sich ihre künstlerische Begabung durch. Sie studierte vier Jahre lang auf der Kunsthochschule Burg Giebichenstein in Halle bildhauerische Arbeiten und Malerei. Charles Crodel wurde ihr Lehrmeister und Freund. Als ihre Mutter erkrankte, kehrte sie heim nach Blankenburg und arbeitete als Kunstdozentin an der Baufachschule in Halberstadt.

Wenn sie aus ihrem früheren Leben erzählte, schummelte sie gern ein bisschen, so oft die Wahrheit ihr zu karg erschien. Überhaupt gefiel sie sich in Korrekturen um der Schönheit willen. Sie verkörperte zu manchen ihrer Eigenschaften auch das Gegenteil, und ihr kritischer Verstand konnte sich in der Selbsterkenntnis frappierend freimütig ausdrücken.

Zurückblickend auf ihre Heirat mit unserem Vater hat sie notiert: »Am schwersten war der Verzicht auf eigene Arbeit und Verdienst.« Doch in fünfundzwanzig Ehejahren wuchs aus der Vernunftbindung zwischen Hans und Marga eine tiefe Zuneigung, sogar Liebe.

Ich sehe sie noch vor mir, wie sie an ihrem 90. Geburtstag war, der zum Höhepunkt ihres Alters wurde. Wir feierten ihn im Restaurant der Tübinger Kunsthalle. Marga thronte in unserer Mitte unter ihrem ausladenden Hut mit breiter Krempe und im blumenbesetzten Seidenkleid. Es wurden Reden auf sie gehalten. Sie genoss es, wie wir uns um sie scharten und sie den Ton angab. Als wir immer wieder die Gläser auf sie erhoben, verdünnte sie ihren Mosel-Wein mit Tafelwasser. Gläser klirrten, fröhliche Zustimmung summte. Die Glastüren standen offen, von draußen wehte der Hochsommer herein und fächelte über unsere Köpfe.

Als ich neuneinhalb Jahre später in Margas beiden Zimmern im Wetzel-Stift die gesamte Einrichtung fotografierte, um sie für Auswahlwünsche einzelner Angehöriger zu dokumentieren, hielt ich auch drei kleine Gemälde von Charles Crodel mit der Kamera fest, vor allem aber Porträtköpfe, langbeinige Skulpturen und Gefäße aus ihrer Bildhauer- und Töpferwerkstatt. Eine denkwürdige Hinterlassenschaft.

Altenheime früher in der Provinz

Zum ersten Mal lernte ich ein Altenheim als Achtjähriger kennen. Es war 1934 und war auch meine erste Bahnreise, die ich allein antreten durfte. Ich war stolz und aufgeregt. In Frankfurt am Main empfing mich Großvater Friedrich auf dem Bahnsteig, und wir stiegen auf einem anderen Perron in den Zug nach Darmstadt. Da nahm Opa ein Taxi. Das Haus, vor dem wir ankamen, erschien mir riesengroß und das Innere elegant – das war ein Wort, das mein Vater gern gebrauchte, und ich hatte es aufgeschnappt.

Die Eltern meiner Mutter hatten sich in ihrem Ruhestand entschlossen, in dieser Altersresidenz zu leben. Großvater war gemeinsam mit seinem Bruder in Kassel Inhaber einer Fabrik für medizinische Instrumente gewesen, er hatte seine Anteile aber mitten im Ersten Weltkrieg verkauft und den Ertrag großenteils als Kriegsanleihe gezeichnet – wie der Krieg war am Ende auch das Geld verloren.

Die Großmutter – bei uns *Strickoma* genannt, während Vaters Mutter für uns Kinder die *Rauchoma* war – wollte mich zur Begrüßung auf den Arm nehmen, aber ich war ihr zu schwer geworden und sie setzte mich gleich wieder ab. »Das Dieterle ist groß geworden«, rief sie.

Ich hatte nie so viele alte Leute auf einmal gesehen. Überall begegnete ich ihnen, beim Essen, auf den langen Gängen, an Treffpunkten. Es roch nach Alter und Medizin. Nun begann das große Fragen und Erzählen. Ich zückte einen Brief, den meine Mutter mir mitgegeben hatte: »Grüße die Großeltern und gib auf alles acht«, hatte sie mir eingeschärft, »und ich freue mich schon darauf, wenn du wiederkommst.«

Der Besuch dauerte wohl drei, vier Tage. Sie erschienen mir lang. In der Nachbarwohnung lebte ein Paar, mit dem Oma und Opa vertraut waren. Da hielt sich gerade eine Enkelin auf, sie war ungefähr in meinem Alter und ebenso lang und dünn. Sie hieß Barbara Nennewitz. Ob sie noch lebt? Was mag aus ihr geworden sein?

Während unsere Großeltern Mittagsruhe hielten, sollten auch wir Ruhe geben und uns auf den Sofas gut zudecken. Aber wir büxten aus und spielten im Stiftspark Indianer. Barbara hatte sich wie ich eine Vogelfeder ins Haar gesteckt. Wir schlichen uns auf dem Bauch kriechend an und suchten nach den Feinden, die sich irgendwo im Gebüsch verkrochen haben mussten. Dabei fühlten wir uns wie Winnetou und seine Schwester. Das fand ich viel spannender als das Spazierengehen an Großvaters Hand durch die Stadt und in ein langweiliges Museum.

Ich kann mein Gefühl in diesem ersten Altersheim meines Lebens nicht mehr mit Gewissheit beschreiben. Aber ich weiß noch, dass mir die ganze Zeit in dieser Unterkunft beklommen zumute war – es kam mir so vor, als hätte irgendjemand die Großeltern hierher entführt, sodass sie nicht mehr ganz sie selber waren.

Aber natürlich traute ich mich nicht, die Großmutter danach zu fragen; der Großvater war mir so hoch überlegen, an ihn traute ich mich sowieso nicht heran. Ich wagte nicht einmal, ihm einen Kuss auf seinen Stoppelbart zu geben. Jetzt erst erfuhr ich: Er hatte ein Glasauge und legte es nachts in ein Wasserglas, durch das es mich glitzernd ansah. Ein anderer Junge hatte ihm – sie waren Vorschulkinder – aus Versehen mit der Zwille ein Auge ausgeschossen.

Die Großmutter liebte ich. Sie sprach in diesen Tagen viel mit mir, und ich hörte ihr gern zu. Sie zeigte mir auch zwei Bilder, eines mit Blumen in einer Vase, das andere gab den Blick aus einem geöffneten Fenster wieder, die hatte sie mit Ölfarben gemalt. Ich bewunderte sie.

Großvater brachte mich wieder bis Frankfurt. Er winkte mir nach, und ich schob die Fensterscheibe mit meiner ganzen Kraft nach oben. Auf der weiteren Fahrt das Rheinufer entlang sangen die Räder auf den Schienen für mich ununterbrochen im Takt: »Nach Hause, nach Hause!«

Zur Geschichte der Augustinum Wohnstifte

Ende Juni 1962 sind die ersten Bewohner in das Münchner Augustinum Neufriedenheim an der Straße zum Ammersee eingezogen – später entstand dort die Autobahn nach Lindau. Es war ein Neubeginn inmitten einer Stadt, eines Landes und seiner Bevölkerung, die nach den Trümmerjahren und vielem Elend in eine Normalisierung überwechselte. Die Bundesrepublik schloss sich dem westlichen Wirtschaftssystem an, was ebenso das politische System bedeutete. Die Deutsche Demokratische Republik, hierzulande nur DDR genannt, folgte dementsprechend dem östlichen System unter der Vorherrschaft Russlands. Wer keine Verwandten unter dem östlichen Drittel der Deutschen hatte, dem lagen Italien, Frankreich und selbst Griechenland bald näher als die vielberufenen »Brüder und Schwestern« jenseits der Grenze. Die Gründer des Augustinums, Georg Rückert, seine Frau Gertrud und der ihnen im gemeinsamen Vorhaben verbundene Heinrich Krohn – er war ein Architekt, der mit Georg Rückert zusammenarbeitete, und von 1969–1989 als Baudirektor Mitglied des Augustinum-Vorstandes. Sie planten zwar von vornherein über München hinaus, doch nur im westlichen Teil des Landes. Es war ihre Idee, angelehnt an die Evangelische Diakonie einen noch nicht da gewesenen Stil von Altenheimen zu entwickeln. Diese Altendomizile sollten weitläufiger sein als die bisher vorhandenen und den alten Menschen in ihren eigenständigen Wohnungen und mit ihren vertrauten Möbeln eine private Selbstständigkeit erhalten. Ein möglichst langes, noch einmal erfreuliches Leben sollte ihnen, so hoffte man, noch bevorstehen. Das bedeutete auch: Die Initiatoren strebten an, dass die neuen Bewohner nicht erst dann einzögen, wenn sie krank und hilfsbedürftig wären, vielmehr noch gesund genug, um ihr selbstbestimmtes Leben mit Unternehmungsgeist und vielen Kontakten nach draußen in Stadt und Land fortzusetzen.

Natürlich hat man zu Anfang vieles Einzelne erst einmal erprobt, überprüft und es geändert, wenn sinnvollere Lösungen gefunden wurden. Zum Beispiel wurde im Augustinum München Nord, im April 1974 eröffnet, statt der anfänglichen Pflegestationen die mobile Pflege in den Wohnungen für Patienten als erleichternd angesehen und mit Erfolg eingeführt.

Als das neue Augustinum in Meersburg am Bodensee am 11. Januar 2013 mit einem Nachbarschaftsfest seine Arbeit aufnahm, stieg die Zahl der Augustina in Deutschland auf 23. Inzwischen haben mehr als 7000 Bewohnerinnen und Bewohner unter dem Motto »Kultur der Vielfalt« in diesen Wohnstiften ihr neues, meist wohl letztes Zuhause gefunden. Die Standorte verteilen sich von Mölln bis Kleinmachnow zwischen Berlin und Potsdam (neu nach der Einheit), von Hamburg über Detmold, Kassel und Bad Neuenahr bis nach Roth in Mittelfranken, Heidelberg, Stuttgart und Freiburg. Eine Landkarte der Augustinum-Wohnstifte, die Interessenten in einer Mappe mit dem Heft ihres Projekts überreicht wird, ermöglicht den genauen Überblick.

Und jedes Mal steht am Haupteingang, in Bronze gegossen, das Symbol der Augustina: das Nashorn. Anfang der Siebzigerjahre hat der Künstler Josef Gollwitzer es entworfen. Nach seiner Gussform kommt jedes neue seiner Bronzekinder gleich in leibhaftig wuchtiger Größe auf die Welt.

Mit dem Sinnbild des Nashorns hat es seine besondere Bewandtnis, die in legendären Zeiten wurzelt. Der Namenspatron wurde im Jahr 354 unserer Zeitrechnung in der Stadt Thagaste im heutigen Algerien geboren. Sie gehörte zum Römischen Reich. Er lebte in Tunis, damals also Karthago, und kannte nur die vorchristlichen Götter. Dort könnte ihm vielleicht einmal ein Erlebnis mit einem Nashorn widerfahren sein. Was geschah damals? Niemand weiß Verlässliches.

Augustinus wurde als ein gepriesener Rhetor in die Hauptstadt des römischen Reiches berufen. Er nahm dort den christlichen Glauben an und studierte, was aus dem Altertum überliefert war. Aus der Summe seiner Kenntnis und eigenen Ideen entwickelte er ein neues Denken. So wurde er der unvergleichliche Kirchenfürst. Er hat in Glauben, Kultur und Philosophie das damalige Europa entscheidend geprägt.

Aus seinen *Bekenntnissen* (*Confessiones*) steht, in Lettern geschlagen, in unserem Augustinum an einer Wand auf dem Weg zum Foyer zu lesen:

Miteinander reden und lachen, sich gegenseitig Gefälligkeiten erweisen, zusammen schöne Bücher lesen, sich necken, aber auch einander Achtung erweisen. Miteinander sich auch streiten ohne Hass, so wie man es wohl einmal mit sich selber tut. Manchmal auch in den Meinungen auseinandergehen und damit die Eintracht würzen. Einander belehren und voneinander lernen. Die Abwesenden schmerzlich vermissen, die Ankommenden freudig begrüßen. Lauter Zeichen der Liebe und Gegenliebe, die aus dem

Herzen kommen. Sich äußern in Miene, Wort und tausend freundlichen Gesten. Und wie Zündstoff den Geist in Gemeinsamkeit entflammen, sodass aus den Vielen eine Einheit wird.

Aurelius Augustinus lebte von 354 bis 430 unserer Zeitrechnung. Er gilt als der größte Kirchenlehrer des Altertums. In seiner Lehre vom Gottesstaat »De Civitate Dei« begründete er eine neue Geschichtsphilosophie und historische Theologie. Als einer seiner bedeutendsten Schüler gilt über ein Jahrtausend hinweg der Reformator Martin Luther.

Als man den 1600. Geburtstag des Kirchenfürsten Augustinus feierte, wurde zu seinem Gedenken im Mai 1954 in München das Collegium Augustinum als Gemeinnützige Gesellschaft mit beschränkter Haftung und dem Sitz am Stiftsbogen gegründet. Die Aufgabenbereiche sind Altenheime und Behindertenwohnheime.

Weil das Nashorn das Wahrzeichen aller Augustina ist, finde ich es unbefriedigend, dass es keine Legende über eine Begegnung des Augustinus mit einem Nashorn gibt. Ich habe mich bei Mitarbeiterinnen der Verwaltung erkundigt, aber niemand wusste etwas. Also erfinde ich mir eine Legende, vielleicht kann sie auch anderen als Traumvorstellung nützlich sein, eher ist es eine Fama, und sie lautet so:

Als Augustinus nach langen Studien in jungen Jahren Lehrer der Rhetorik in Karthago war, wollte er eines Tages zu Pferde vor den Toren der Stadt die Steppe erkunden. Er ritt einen Palmenhain entlang und wagte sich ein Stück in das von der Sonne gelb verbrannte Feld hinaus. Die flache Landschaft und die Weite des Horizonts erschienen ihm wie eine Eröffnung geistiger Welten. Plötzlich schwirrte ihm aus einem Kakteenfeld ein Bündel Pfeile entgegen, sein Pferd wurde getroffen und schlug hin.

Während er stürzte, wurde auch Augustinus am linken Arm getroffen, und er kam so zu liegen, dass er sich unter dem verendenden Pferd kaum rühren konnte. Er fürchtete das Schlimmste. Aber die Pfeilschützen hatten wohl Angst, ihm könnten Truppen folgen; und sie machten sich in geduckter Haltung davon.

Geschwächt und regungslos in der brütenden Sonne verhielt er sich still. Als er keine Geräusche eines Gegners mehr vernehmen konnte, quälte er sich unter dem Pferd hervor und begann seinen Rückzug zu Fuß. Aber er spürte bald, dass der Blutverlust ihn entkräftet hatte. Er legte sich nieder auf eine Seite und überlegte: Was konnte er tun?

Während er entgegen seiner sonstigen Entschlusskraft noch zauderte, hörte er das Schnauben eines schweren Tieres, und er stellte sich tot. Auf einmal spürte er, wie ein Maul mit Nüstern ihn berührte und beschnupperte. Er erkannte ein Nashorn und fand, es schaue ihn gutmütig an. So betrachteten sie einander, der Mensch und das Tier. Plötzlich hielt das Nashorn ihm seinen mächtigen Schädel mit den beiden aufragenden Hörnern einladend hin, und er begriff, er solle aufsitzen. Tatsächlich, es gelang, das Nashorn schlenderte mit ihm auf den Stadtrand zu, er hielt sich an den Hörnern fest.

Vor den ersten Häusern machte der gepanzerte Vierbeiner halt, senkte den Kopf und ließ ihn hinunterrutschen. Augustinus kam, wenn auch verletzt, auf die Beine, und bald konnte er auch Schatten erreichen. Als er sich umdrehte, hatte das Nashorn einen verschmitzten Blick und machte nahezu einen Knicks. Dann trabte es davon.

Wer weiter nach dem Ursprung des Nashorn-Symbols sucht, findet in unserem Augustinum neben dem Haupteingang eine Orientierung:
Warum führen wir das Nashorn »im Schilde«?

Das Nashorn verkörpert die Eigenschaften, die das Collegium Augustinum gerne für sich beansprucht: ein freundliches Tier, das keine Feinde hat, ein wuchtiger, aber wendiger Koloss, den zu reizen nicht ungefährlich ist. Ein Dickhäuter von gleichwohl höchster Sensibilität, Einzelgänger mit dennoch ausgeprägtem Familiensinn.

Wie sich einzelne der Augustinum Wohnstifte immer wieder auch neuen Gestaltungen öffnen, dafür lieferte unser Stift in der Weitlstraße unweit des Hasenbergl im Jahr 2008 ein neues Beispiel: Als ökumenisches Projekt wurde von eine Münchner Designfirma und einem Architekturbüro im Auftrag der regionalen Kirchen der beiden großen Konfessionen der Entwurf der freien Künstlerin Alix Stadtbäumer verwirklicht. Die Besitzer der einzelnen Standorte wirkten mit. So entstand die »Achse der Barmherzigkeit« als Pilgerweg mit sieben Stationen. Auf der Rasenfläche im Park vor unserem Wohnstift zur Ittlingerstraße hin findet sich seitdem die vierte dieser Gedenkstationen: hoch aufgemauert aus rötlich grauem Stein, nach oben hin geschlossen und nach außen eingegittert mit zwei kräftigen weißen Stämmen und einer weißen Rose als Symbol für »Gemeinschaft erfahren«. Dieses Denkmal soll der Meditation dienen.

Zur Geschichte der Augustinum Wohnstifte gehört, dass seit ihrer Gründung in den ältesten Häusern schon zwei Generationen alter Menschen Erfahrungen gesammelt haben. Da ist bei den Nachkommen, die ihre Eltern dort oft besucht haben, ein Vertrauen in diese Lösung des Altersproblems herangewachsen. Das ermutigt Jüngere, später das Gleiche zu tun. So entstehen Traditionen, und das spricht sich herum.

»Ja, meine Mutter war schon hier.«

»Ich habe erlebt, wie mein Vater hier starb.«

Das sind Argumente, die man ähnlich von jungen Alten hört, wenn sie selber an diesem Scheideweg ihres Lebens stehen. Aufgrund der Kopflastigkeit der Alterspyramide stellt sich die Frage immer dringender: Wo komme ich unter, wenn mein Leben sich zum Ende neigt? Zur gleichen Zeit verfügen die nachfolgenden Angehörigen und Freunde – außer sie seien reiche Erben – oft nicht mehr über das ökonomische Fundament, das sich ihre Großeltern erarbeiten konnten.

Das Urgesetz menschlichen Alterns und Sterbens nimmt neue Dimensionen an. Längst schlagen die technischen und medizinischen Errungenschaften auf vielen Gebieten in das Gegenteil ihrer immer wieder beteuerten Zielsetzung um. Soweit die Alten davon betroffen sind, handelt es sich im Ergebnis eher darum, das Sterben als ein noch sinnvolles Leben zu verlängern. Sie müssen älter und älter werden, obwohl sich sehr viele von ihnen das keineswegs wünschen.

Falls *die Würde des Menschen* und die *Freiheit der Einzelnen* auch in der gelebten Wirklichkeit die wichtigsten Grundsätze unserer Verfassung garantieren sollen, ist es an der Zeit, dass Regierung und Volksvertreter, oberste Richter und Kirchen das Grundrecht auf ein selbstbestimmtes Lebensende neu bedenken.

Bisher ist es doch so: Alle politischen Versprechen in dem Grenzkonflikt zwischen dieser Welt und dem Tod werden in der Praxis laufend widerrufen, wenn für den einzelnen Menschen das Ende seines Lebens naht. Das wird sich nur dann ändern, wenn die Gesetzgeber in Bund und Land die Eigenverantwortung der Einzelnen für ihr Sterben auch in deren Hände legen und sie ihrem Gewissen anvertrauen. Sterbende sind keine Unmündigen. Ärzte, Pfarrer oder gar Pfleger dürfen über sie nicht die letzte, gottähnliche Vollmacht ausüben. Das Aufbegehren dagegen wird, wenn nicht alle Anzeichen trügen, unter den geistig souveränen Alten zunehmen. Unter anderen Gründen hauptsächlich wegen der allumfassenden Ungewissheit einer Zukunft der Humanität.

Die meisten Prognosen für die Zukunft im 21. Jahrhundert und darüber hinaus, die von Politik und Medien gewagt werden, sind vor allem dies: eine psychologische Vorbeugung gegen eine etwa plötzlich grassierende Epidemie existenzieller Sorgen. Die von Politikern so viel berufene »Sensibilität«, hier wäre sie angebracht, nur dient das aus feineren Gefilden entlichene Wort in der politischen Wirklichkeit gewöhnlich als Deckweiß für Dunkelheit.

Die Neuen und die Platzhalter

Wenn wir beide im zweiten Jahr als Bewohner unseres Augustinums beobachten, wie Neueingezogene zum Mittagessen erscheinen und zögernd warten, bis der Serviceleiter oder eine Vertreterin sie zu einem Platz führen, wird uns klar, wie wir beobachtet wurden, als wir die Neuen waren. Häufig prägt die erste Tischwahl eine Gewohnheit für lange Zeit. Es ist schwierig, eine Tischpartnerschaft zu wechseln, ohne eine Verwunderung auszulösen, die sogar zu einer kleinen Verwundung werden kann.

An dem ersten Verhalten ergibt sich unwillkürlich unter den seit Langem hier gleichzeitig Speisenden ein erstes, flüchtiges Charakterbild der Neuen. Die Forschen lassen sich von den Abwartenden unterscheiden, die Zögernden von den Überhöflichen und die Kommunikativen von den Einzelgängern. So entsteht ein kleines Einmaleins des ersten Auftritts, das sich vielleicht bald bestätigt sieht oder widerlegt.

Manchmal denke ich darüber nach: Wie setze ich mich mit Mitbewohnern, deren Physiognomie mich erwartungsvoll stimmt, in eine Beziehung? Ich komme mir dabei vor wie ein Teppichweber, der in seinen Rahmen verschiedenfarbige Garne einspannt und sich ein Muster zurechtlegt. Spannend an dieser Einschätzung ist, wie ein solches Modell naturgemäß zuweilen ein anderes als das erhoffte Ergebnis bewirkt. Im Allgemeinen aber finde ich die Regel bestätigt, dass die eigene Neigung zu einer neuen Bekanntschaft auf eine gleichartige Aufmerksamkeit stößt.

Zur Frage steht ein vor einiger Zeit neu zugezogener, von mir schon angepeilter Mann; denn mit Frauen komme ich dauernd zusammen; zum Beispiel in der Englischstunde, da bin ich noch immer der einzige Mann unter acht Frauen. Als ich das erste Mal daran teilnahm, hatte ich nach kurzer Zeit den Eindruck, die Damen zwischen achtzig und neunzig fühlten sich durch mich gestört. Schließlich erkundigte ich mich: »Was ist denn geschehen? Habe ich irgendetwas falsch gemacht?«

»Nein«, sagte die Älteste und schaute mich an. »Es ist nur so: Wir waren bisher unter uns. Nun, mit einem Mann können wir uns nicht mehr so freimütig benehmen wie bisher.« Daraufhin löste sich der Dialog in einem allgemeinen Lachen auf.

Unter den Männern gibt es hier manche Burgherren mit Professorengesichtern, einige sehen aus wie Ärzte, andere wie Ministerialräte. Vorherrschend ist ein gebildeter, traditioneller Habitus. Natürlich gibt es auch die Entsprechungen aus technischen und naturwissenschaftlichen Berufen und Handwerker, die durch ihre Lebensarbeit einigen Wohlstand erreicht haben, kenntlich zuweilen an ihren wie geschnitzten Gesichtszügen. Im Plenum betrachtet bin ich wohl der einzige Schriftsteller unter ihnen.

Manche Herren schreiten allein, aufrecht und kerzengerade zur Tafel, dabei verschwinden sie im Vorbeigehen aus meiner Sichtweite, und sie verlassen nach etwa einer halben Stunde ebenso allein auf dieselbe Weise den Speisesaal wieder. Was tun sie den ganzen Tag? Je starrer die Haltung, umso einsamer scheinen sie zu sein. Hilfsbereitschaft zieht mich zu dem ein oder anderen hin, der am Stock geht.

Ich erinnere mich an einen solchen einsamen Wanderer, den ich einige Male auf seinen Gängen durchs Haus bemerkt hatte. An einem allgemeinen Gesprächsnachmittag bei Kaffee und Kuchen, während meine Frau an ihrem Freundinnen-Kreis teilnahm, kam ich neben ihm und seiner Tochter zu sitzen, die ihn offensichtlich besuchte. Ab und zu wechselte sie ein Wort mit ihrem Vater, und er knurrte eine Antwort. Wenn ich ihn ansprach, stellte er sich, als verstünde er mich nicht; er wollte keinen Kontakt. Als er sich einmal für eine Weile entfernte, sprach ich seine Tochter fragend an, sie erschien mir so einsichtig wie um ihn besorgt.

»Es ist ziemlich schwierig mit ihm«, antwortete sie mir freimütig. »Ich weiß auch nicht, wie er seine Tage verbringt. Sicher sitzt er lange allein vor dem Fernseher, und vielleicht tröstet er sich auch etwas mit Alkohol.«

Mir fielen die Mengen an Weinflaschen und härteren Alkoholika ein, die ich immer wieder im Sammelkasten des Abfallraums auf unserem Flur vorfinde, und mir wurde klar: Sollte ich hier allein zurückbleiben und mit dem Weintrinken wieder beginnen, wäre das für mich eine ernsthafte Gefahr.

Welche Vorsätze der Hilfsbereitschaft ich immer erwäge, mit helfen wollen allein ist noch nichts Vernünftiges getan, wenn es keine Konsequenz hat. Jede einmal hergestellte Nähe weckt eine Erwartung. Das ist ähnlich wie mit dem üblichen Stammplatz bei den Mahlzeiten – wie ich schon erwähnt habe, ist auch er verpflichtend. Merkwürdig, wie viele Abwägungen mir in den Sinn kommen, sobald ich die Platzregie der Serviceleitung überdenke.

Meine Frau und ich sind dankbar dafür, dass wir unseren kleinen Tisch zu zweit für uns haben. Als eines Tages eine neu zugezogene Bewohnerin bei uns sitzen wollte, habe ich es auf mich genommen, ihr zu sagen, wir wollten gern allein bleiben. Sie möge sich doch bitte woanders einen Platz suchen. Sofort spürte ich, wie verletzend meine Ehrlichkeit auf sie gewirkt hatte. Was nützte da ein »Es tut mir leid«?

Das gemeinsame Essen ist für viele BewohnerInnen *die* Gelegenheit des Tages zu einer stetigen Unterhaltung. Wir schweigen lieber. Wir haben einander ja immer.

Was ist Egoismus, was bedeutet Gemeinschaftssinn? Bei alldem ist jedenfalls vorauszusehen, dass wir von den Verhaltensweisen der anderen in den meisten Fällen noch Jahre begleitet werden. Wer geneigt ist, eine Zusammengehörigkeit mit anderen wegen der gemeinsamen Grundsituation hier im Haus anzustreben, sollte sich klar sein, wie heikel das sein kann. Ich beteilige mich – auch anderenorts – oft und gern an Gesprächen und suche Zugang zu anderen Menschen.

Gelegentlich ergibt sich zufällig ein Kontakt unter Männern, wenn wir uns im Leseraum treffen oder bei einem Ausflug im Park auf einer Bank zusammen finden. Manche möchten einfach nicht sprechen. Im hohen Alter hier im Haus noch einmal einen Freund zu finden, wäre wohl ein Glücksfall.

Frauen tun sich da leichter. Marlen hat tatsächlich im Laufe unseres ersten Jahres hier noch einmal eine neue Freundin gefunden. Diese Beziehung hat sich seitdem zu einer herzlichen Verbundenheit mit Gesprächen, Umarmungen, Briefen und abwechselnd kleinen Blumensträußen vor den beiderlei Türen gesteigert. Wir beiden Männer sind darin mit einer gewissen Distanz einbezogen. Ilsabel Lehnacker, wie ich sie in diesen Aufzeichnungen nenne, ist mit einem emeritierten Chemieprofessor verheiratet.

Er ist ein überaus gutmütiger Mensch, dem man ansieht, was auch zutrifft, nämlich wie beliebt er bei seinen Studenten war. Leider ist er durch eine Muskelreduktion in seinen Bewegungen gehindert. Er stützt sich auf seinen Rollwagen und wird bei Schwächezuständen hin und wieder tagelang auf seinem Zimmer versorgt. Wenn es ihm besser geht, sehen wir Ilsabel und Helmut Lehnacker täglich zu Mittag. Wir essen gleichzeitig, sitzen auf Sichtweite, winken einander zu und wechseln ab und zu nach der Mahlzeit zu viert ein paar Worte.

Einmal konnten sie gemeinsam bei uns zu Besuch sein, und einmal waren wir bei ihnen. Dabei haben wir ihn trotz seiner Sprachschwäche gut verstanden und sehr zu schätzen gelernt. Wir sehen Ilsabel oft mit ihm draußen im Park. Sie sorgt dafür, dass sich ihr Mann täglich einmal auf den Wegen ums Augustinum bewegt. Er trottet über seinen Rollator gebeugt vor ihr her, und sie stützt ihn fest mit einer Hand im Rücken. Es geht etwas sogleich Überzeugendes von ihnen aus. Dieses Paar ist in gemeinsamer Anstrengung verlässlich vereint, und Ilsabel, groß gewachsen, schmal und mit einem weißgrauen Lockenkopf und großen, brauenbeschatteten Augen, ist die tragende Kraft für zwei.

Nach und nach haben wir erfahren: Ilsabel wurde in die Tradition eines Adelsgeschlechts auf einem Rittergut im Schlesischen hineingeboren und ist, da ihre Mutter früh sterben musste, bei einer Großmutter in Genf aufgewachsen. Wenn wir sie vor uns vertrauten Bewohnerinnen oder unserer Stiftspfarrerin erwähnen, leuchten deren Augen gleich auf, so beliebt ist Ilsabel aufgrund ihrer Hilfsbereitschaft und Sensibilität.

Es gibt diese seltenen Augenblicke, in denen die spirituelle Substanz der Bewohnerschaft geradezu körperhaft spürbar wird, und diese beiden Menschen gehören zu deren imaginären Stützen. In dieses Bild passen auch die beiden in München lebenden Söhne der Lehnackers und eine springfidele Enkelin, die ihre Eltern alias Großeltern hier im Wohnstift abwechselnd besuchen oder sie manches Mal zu sich nach Hause abholen.

Unser ganzes Leben lang haben wir den Umgang mit anderen Menschen gelernt. Und nun im hohen Alter lernen wir neu, wie empfänglich die Gleichaltrig oder noch Älteren für unsere Rücksichtnahme sind, wenn wir uns im richtigen Augenblick darauf verlassen. Es ist das einfühlende Bemühen um eine Gleichgewichtskunst, die gebraucht wird, um zugleich der Konvention und der Unmittelbarkeit zu dienen. Es gilt, beherzt zu sein und in die filigranen Saiten des musikalischen Zusammenklangs einzustimmen, der in der Kommunikation so vieler alter Menschen immer einmal wieder gelingen kann. Wo gröbere Klänge aufkommen, ist es ratsam, still zu bleiben. So machen wir von einem Jahr zum anderen die Erfahrung: Wir lernen niemals aus.

Zögernde Interessenten

Jeden Mittwoch und jeden ersten Samstag im Monat um 14 Uhr versammeln sich im Foyer bei der Anmeldung ältere Besucher aus nah und fern. Sie möchten das Augustinum München Nord kennenlernen. In ihren Gesichtern steht Skepsis zu lesen, vor allem gegenüber sich selbst, aber auch grundsätzlich angesichts des Wohnstifts, das sie für sich erwägen. Sie werden von der Interessentenberaterin Frau Güth oder einer Kollegin empfangen und zunächst aufgefordert, in einer Sesselgruppe Platz zu nehmen. Das gilt der Erkundigung, ob vor der gemeinsamen Besichtigung einige grundsätzliche Fragen zu klären sind. Wir Altbewohner sehen diese Gruppen von zum Beispiel sieben oder elf Interessenten, oft Ehepaaren, immer einmal wieder dort sitzen, und wir fühlen uns an unsere erste Visite hier im Haus erinnert. Es ist ein Geschehen wie Ebbe und Flut, nur wiederholt sich der Rücklauf nicht periodisch.

Gerade an dieser Prozedur wird deutlich, wie viel für die Kundigen mitschwingt, seit die »Süddeutsche Zeitung« im Juni 2015 über kriminelle Machenschaften von Geschäftspartnern des Augustinum und mögliche Versäumnisse im Augustinum bei Immobilienverkäufen des Unternehmens berichtete. Der Rundgang setzt sich jedoch fort, als sei nichts Unzulässiges geschehen. Fragen dazu beantworten die Führerinnen in einem gewiss mit der Geschäftsleitung abgestimmten Kanon.

Der Weg verläuft aus dem Foyer vorbei an der Ladenstraße zum Café Nashorn und zurück über den Theatersaal und anschließend den Speisesaal zu einem der Aufzüge, um die ein oder andere Wohnung anzusehen. Weil es leer stehende Musterwohnungen nicht gibt, muss die Referentin im Zuge ihrer Vorbereitung bei einigen Bewohnern anfragen, ob sie zur vorgesehenen Zeit anwesend sind und einen Einblick in ihr Domizil gewähren. Nur bei extrem schlechtem Wetter wird der Blick vom Dach ausgelassen, er zeigt nämlich eine Trumpfkarte mit dem weiten Blick über München, das Vorland und – oft gut sichtbar – die Alpenkette.

Alle Teilnehmer dieser Runde erhalten das reich bebilderte Heft »Augustinum München-Nord, kultivierter Wohnsitz in der Weltstadt mit Herz. Selbstbestimmt leben. Gut betreut wohnen«. Und wer möchte, kann anschließend noch eine Einzelberatung erhalten.

Das ist der erste Akt eines Stücks mit vielen Auftritten, Einzeldarbietungen und Mehrfiguren-Szenen, Bühnenbildern und Perspektiven. Und das Schauspiel kann manchmal zum Drama werden. Für die zuständige Referentin beginnt jetzt ihre Arbeit erst richtig. Dabei handelt es sich nicht selten um einen equilibristischen Schwebeakt.

In der Regel treten noch viele Verzögerungen ein, weil die ihre Situation Prüfenden sich nicht einig sind und sich doch noch nicht von ihrem bisherigen Status trennen können. Manchmal platzt ein unerwartetes Ereignis dazwischen, etwa ein Sturz im Treppenhaus, und die Folgen machen den Umzug zwingend erforderlich.

Natürlich sind die Interessentenberaterinnen psychologisch geschult, damit sie sich ein Charakterbild der in Betracht kommenden Neubewohner entwerfen können. Außerdem bringt ihre Tätigkeit eine umfangreiche Menschenkenntnis mit sich. Fest steht: Sie müssen den gerade herumgeführten Interessenten erst einmal Zeit lassen. Und sie haben zu bedenken: Kommen die zu erwartenden Neuen aus einem normalen Mietverhältnis, haben sie sich von einer Eigentumswohnung oder von einem Hausbesitz zu verabschieden? Und wie ist ihre familiäre Situation?

Zu früh und zu intensiv nachzufragen könnte sie verprellen. Das Gegenteil, sich zu wenig um sie zu kümmern, würde sie vielleicht enttäuschen. Es kommt ganz darauf an, wieweit der Eindruck, den sie auf die Referentin gemacht haben, sich als zutreffend oder irrig herausstellt.

Manche Einzelfälle machen ihnen besondere Mühe. Hin und wieder Frauen, die nach dem Tod ihres Mannes allein im eigenen Haus wohnen, vor allem wenn sie mehrere Kinder und viele Enkel an ihrem Wohnort um sich haben und die Versuchung groß ist, sich reihum aufzuhalten, zu helfen und sich auch ein bisschen verwöhnen zu lassen. Das Ergebnis ist dann zuweilen eine Antriebslosigkeit, die sie immer wieder rätseln lässt, was sie eigentlich tun wollten und ob es wirklich so für sie richtig wäre.

Eigentlich müsste eine Referentin sie fragen: »Wollen Sie nun oder wollen Sie nicht?« Aber das ist nicht die Tonart, die sie anschlagen; sie versuchen es weiter mit gutem Zureden und warten ab. Dieselben Frauen haben wohl auch noch nicht daran gedacht, durch ein notarielles Testament unter ihren Erben Klarheit zu schaffen. Unsicher in sich selbst scheinen sie in lauter Abwägungen zu zerfließen und schieben von einem auf den anderen Tag wieder jede Entscheidung von sich.

Als wir uns 2010 nach mehreren Anläufen endgültig entschließen wollten, hatten wir auch das Augustinum am Ammersee und mehrere städtische Altenwohnheime in unserer Wahlheimat München angesehen. Wir waren jetzt »entscheidungsreif«. In den Augen einer Bevollmächtigten der Hauptverwaltung, die Frau Lydia Güth zu unserem Gespräch zuziehen musste, waren wir jedoch »mit 85 Jahren eigentlich schon zu alt für die Aufnahme«. Ich wunderte mich.

»Wenn Sie definitiv kommen wollen, dann müssen Sie sich aber gleich entscheiden und sehr bald einziehen«, sagte sie recht streng, und ich fand, ihre Nase wirkte auf einmal spitz. »Hören Sie«, antwortete ich, »wir haben ein Haus mit fünf Wohnungen, und die wichtigsten Mieter wohnen seit vierzig Jahren bei uns. Wir müssen bei ihnen die gesetzliche Kündigungsfrist von 9 Monaten berücksichtigen. Das bedeutet, selbst wenn ich ihnen gleich kündige, von übermorgen an gerechnet, dass sie bis zum 31. August Zeit haben.«

»Schwierig, schwierig«, meinte unser Gegenüber und machte ein grüblerisches Gesicht.

»Jedenfalls werden wir das Problem mit unseren langjährigen Hausbewohnern in gutem Einvernehmen lösen.« Und so ist es dann auch geschehen.

Ich habe dann alle paar Wochen mit Frau Güth telefoniert. Anfangs hatten wir zwei kleine Zimmer vorgesehen, weil wir noch nicht wussten, wie der Hausverkauf sich anlassen würde. Als dann unsere Hauptmieter erstaunlich schnell eine ihnen entsprechende Wohnung in günstiger Lage fanden und schon Ende April auszogen, begann ich beim Augustinum verhalten zu drängen.

Die Studentin, die bei uns im Souterrain eineinhalb Zimmer mit eigenem Seiteneingang bewohnte, erklärte: »Sagen Sie mir eine Woche vorher, wann Sie ausziehen. Dann kommen meine Freunde und holen meine sieben Sachen. Ich werde Ihnen keine Mühe machen, vielmehr rechtzeitig verschwinden.«

Überraschend machte uns unsere Referentin im Mai das Angebot einer geräumigen Zwei-Zimmer-Wohnung im zweiten Stock nach Nordost, mit vielen breiten Fenstern und zwei Balkonen. Wir rasten hin, damals noch in unserem eigenen Auto. Nachdem wir alles genau betrachtet hatten, griffen wir sofort zu. Das war unser Glücksfall.

Entsprechend erleben wir seitdem den Vorgang bei anderen, und auch da dauert die Renovierung der frei gewordenen Wohnung wegen der Reihenfolge der Installateure, Maler und Teppichleger in der Regel etwa drei Wochen. Eines Tages ist es dann wieder so weit, dass ein Paar, ein Einzelgänger oder eine Witwe in unserer Nachbarschaft einzieht.

Der Möbelwagen fährt von der Ittlingerstraße her in den Hof ein, und von dort wird die Habe der Neuen mit dem Aufzug für Traglasten in das ausgewählte Stockwerk transportiert. Wir erkennen es daran, dass das Schild *Sonderfahrt* etwa zwei Stunden lang an diesem Lift aufleuchtet und jeder andere Zugang blockiert ist.

Für jeden Umzug gibt es die eigens Beauftragte der Hausverwaltung. Diese Mitarbeiterin organisiert alles bis ins Kleinste. Sie besteht auf Pünktlichkeit. Von 11.30 bis 15 Uhr wird der Umzug unterbrochen, er kann danach bis 17 Uhr fortgesetzt werden. Obwohl es die Anweisung gibt, dass die Möbelleute alle leeren Kartons wieder mitnehmen sollen, stapeln sich in der Papierablage des entsprechenden Flurs danach Berge von zusammengeklappten Faltkartons, Sperrholzkisten, dickes Packpapier, gesprengte Haltereifen und Schnüre.

Bald darauf heben in der neu bezogenen Wohnung Bohrmaschinen an zu singen, und Hammerschläge verkünden, dass Spiegel, Bilder und Gardinen aufgehängt werden. Das Handwerkerteam, das ihnen zur Verfügung steht, kennt sich aus mit Metall, Strom und Holz. Und für ihre Koffer werden sie auf die abschließbaren Lattenverschläge auf Kellerebene oder eine gemeinschaftliche Unterbringung hingewiesen.

Die Neuen tauchen mit angestrengten, bleichen Gesichtern im Speisesaal auf. Jeder Altbewohner weiß, in wiederum etwa drei Wochen wird sich in ihren Gesten eine erste, vorsichtige Vertrautheit abzeichnen. Und nach etwa einem halben Jahr kann man meist davon sprechen, dass die Neubewohner eingemeindet sind. Dann melden sie sich in der Regel auch zu einzelnen Programmen an, zum Beispiel für Gedächtnistraining, Frühgymnastik, Bridgeclub oder Physiotherapie.

In den überall verteilten Programmen »Die Woche« mit den Terminen von Montag bis Samstag sind sie gleich bei ihrem Einzug namentlich vorgestellt und begrüßt worden. Nun kann auch für sie der Alltag beginnen. Die allgemeine Aufmerksamkeit schließt sich über der Neugierde, wie ein Vorhang nachts vor dem Mond zugezogen wird. Auf ihrer Etage haben sich die Nachbarn mit den Ankömmlingen natürlich längst bekannt gemacht.

Jederzeit und überall im Haus versichern sich die Bewohner und ihre Betreuer mit »Grüß Gott«, »Guten Tag«, »Schönen Abend noch« der obligatorischen Freundlichkeit. Längst sind die Fragen »Wo gibt es einen Supermarkt?« und »Können Sie mir sagen, wo ich eine Reinigung finde?« hinlänglich beantwortet. Bayerische Idiome sind in unserem Augustinum übrigens eher selten zu hören. Manchmal schweben durch die Räume auch schwäbische, österreichische, bremische und sogar nordfriesische Laute.

Ich kehre zum Bild des Anfangs zurück: Jede und jeder spielt seine Rolle in diesem ernsten, traurigen und schönen Schauspiel, das »Alter« heißt. Es wird von früh bis spät aufgeführt, und es gibt darin keine Statisten. Alle sind sie selbst, sei es auch nur noch in der eigenen Erinnerung. Aber auch für die anderen bleibt eine Spiegelung ihrer einst ungebrochenen Persönlichkeit erkennbar. Man muss sie in diesem Universum von Schicksalen nur finden wollen.

Ambulante Pflege: Angst und Hoffnung

Dieses unbeschreibliche Kapitel. Es muss beschrieben werden. Viele innere Kräfte sträuben sich dagegen. Alle fürchten sich davor. Jeder weiß es. Aber es wird nur selten unter Vertrauten drüber gesprochen.

In Giuseppe Tomasi di Lampedusas Roman »Gattopardo« (deutsch »Der Leopard«) hieß es noch: »Die Laken Sterbender sind nicht sauber.« Fast alle wissen, wie armselig man in Dörfern früherer Jahrhunderte auf dem Altenteil oder in den Handwerkerhäusern alter Städte starb. Nur Fürsten, Dichterkönige und vornehme Granden konnten auf vielfältige Hilfe an ihrem Lebensende rechnen. Für die sogenannten einfachen Menschen galt die christlich geprägte Auffassung: »Durch Leiden zur Läuterung«.

Heute stellt die medizinische Technik viele Hilfsmittel zur Verfügung: die Katheterisierung, sorgfältige Vorsorge gegen das Wundliegen, Lippenbefeuchtung, diverse schmerzlindernde Mittel, das unübertreffliche Morphium. Aber die inneren Festigkeiten bereiten noch immer buchstäblich hartnäckige Probleme.

Rund 50 weibliche Fachkräfte und wenige Männer arbeiten in unserem hauseigenen Pflegedienst. Sie kommen aus vielerlei Ländern verschiedener Kontinente, sind kenntlich an ihrer Hautfarbe und den klangvollen Namen. Die Frauen unter ihnen ordnen sich gern paarweise, wie Schulmädchen sich an ihren besten Freundinnen festhalten.

Diese Pflegerinnen und Pfleger schwärmen nach Bedarf täglich im Wechsel aus zu ihrem Dienst, der das Gebot christlicher Nächstenliebe nicht selten wahrhaftig erfüllt. Und das gilt auch, wenn sie selber einer anderen Religion verbunden sind. Immer wird die Zugehörigkeit zu einer Konfession vorausgesetzt. Das enthüllt einen Widerspruch; denn die Heimbewohner sind zwar in der großen Mehrzahl offiziell evangelischen oder katholischen Glaubens, aber sie sind nicht zu einer religiösen Bindung verpflichtet.

Die Pflegenden tragen auf ihren Wegen durchs Haus ein mobiles Medizingerät mit sich, in das das Krankheitsbild und die ärztlichen Anweisungen zur Behandlung einprogrammiert sind. Was waren das für Zeiten, als man noch alles auf Karteikarten notierte!

Bei ausländischen Pflegerinnen, die von weit her kommen, gibt es zu Anfang verständlicherweise manche Sprachschwierigkeiten, zum einen weil ihr Deutsch noch lückenhaft ist, zum anderen haben die Patienten oft ihre Hörgeräte nicht mehr in die Ohren eingesetzt. Dann müssen sie sich gegenseitig eben mit Zeichen verständlich machen.

Im Übrigen sind Pflegekräfte, die schwer kranke Patienten in deren Wohnungen versorgen, sehr weit gefächert unterschiedlich ausgebildet: Sie sind examinierte Altenpflegerinnen, Krankenschwestern oder allgemeine Fachkräfte des Gesundheitswesens. In der praktischen Arbeit bewähren sie sich erfahrungsgemäß gleichwertig. Hinzu kommen Sozialpflegerinnen, Pflegehelferinnen und hauswirtschaftliche Kräfte, sogenannte Phila (vom griechischen *philein: heilen, helfen*), sie sind diejenigen, die täglich die drei Mahlzeiten in die Appartements der zu Pflegenden bringen. Für die kleine Zahl der männlichen Pfleger gilt das Entsprechende.

Wenn es dem Ende zugeht, sind die Familienangehörigen meist anwesend, helfen in allem, was sie tun können, nehmen sich eine Gästewohnung oder bleiben auch über Nacht bei ihren Schwerkranken. Hausverwaltung, Ärzte und Pflegeleitung haben schon vorher darum nachgesucht, dass ihnen Patiententestamente und eventuell zusätzliche Papiere in Kopie übergeben werden. Sofern ein notarieller Erbvertrag besteht, gilt er den Angehörigen. Jedenfalls gehört er nicht zu den Obliegenheiten des Augustinums.

Falls keine Angehörigen mehr feststellbar sind, beauftragt die Stiftsverwaltung eine Bevollmächtigte, die alles Notwendige einfühlsam zu übernehmen trachtet.

Es bleibt das Problem, was geschieht, wenn Hausbewohner, die sich noch frei bewegen können, irgendwo in der Stadt bei Besorgungen plötzlich bewusstlos zusammenbrechen. In der Regel wird dann ein Notarzt herbeigerufen, der sich mit der Situation dieses Menschen nicht im Geringsten auskennt. Wenn die Atmung schwer geht, wird vielleicht sogar eine Intubation vorgenommen. Damit hängt der »ungeklärte Fall« dann auf einer Intensivstation. Wenn die Identität herausgefunden und die Adresse ermittelt ist, kann es sich trotz aller Vorkehrungen als schwierig erweisen, diese Bewohnerin bzw. den Bewohner wieder in das Augustinum zurückzuholen.

Zur Pflege gehört in unserem Wohnstift vorrangig die laufende Versorgung durch das Ärzte-Ehepaar, das die freie Praxis mit eigenem Zugang von außen betreibt. Sie betreut die Kassenpatienten, er die Selbstzahler, die in der Regel kommerziell versichert sind. In schweren Fällen kennt ihre Arbeitszeit keine Grenzen, sie schließt auch Nachtstunden ein.

Wenn ich die Pflegehelferinnen beobachte, die drei Mahlzeiten täglich in die Wohnungen bringen, frage ich mich manchmal: Warum essen diese Schwerkranken noch so regelmäßig? Sich zu ernähren erweist sich wieder einmal als einer der stärksten Urtriebe.

Ich erinnere mich an einzelne Freunde, die ihr Sterben durch Verzicht auf jedes Essen herbeiführen wollten, sie tranken nur noch. Mit ihrer Familie hatten sie das abgesprochen. Zumindest in einem mir bekannten Fall hielt aber die Familie das Hungern ihres Mannes und Vaters nach zwanzig Tagen nicht mehr aus. Sie flößten ihm gegen seinen Willen flüssige Nahrung ein. Als er wieder zu sich kam und ihm das klar wurde, begann er erneut mit dem Fasten. Diesmal ließen sie ihn sterben. Ob er sich seiner geballten Energie in seinen letzten Momenten noch mit dem Gefühl, bestanden zu haben, bewusst geworden ist?

Als im Februar 2013 der Großunternehmer Otto Beisheim sich wegen seiner unheilbaren Krankheit das Leben nahm, fanden Öffentlichkeit und Medien das offenbar selbstverständlich. Riesige Anzeigen in den Zeitungen feierten seine Leistung als Industrieller. Solche Ausnahmegestalten finden, wenn sie das wollen, immer Mittel und Wege, an eine tödliche Dosis zu kommen. Die Zeiger öffentlicher Moral verweigern normalen Bürgern das Gleiche. Es geschehen unter sehr alten Menschen in unserem Land täglich Dramen solcher Art.

Zur Pflegestation in unserem Wohnstift gehört auch der tägliche Aufenthalt der Demenzkranken, er wird »Treffpunkt« genannt. Wenn ich mich am Mittwochvormittag zu meiner Massage in die Physiotherapie aufmache, komme ich dort vorüber. Manchmal steht die Tür offen, und ich schaue hinein. Ich entdecke eine Tischrunde mit Frühstücksgeschirr,

Schalen voll Obst, einen frischen Blumenstrauß und einzelne kissenartige Körper die aussehen wie Plüschtiere.

Vor allem aber finde ich stumme, friedlich wirkende Gesichter, alle der Leiterin und einer Helferin zugekehrt. Im Hintergrund läuft eine CD mit leiser Musik. Ich spüre, es liegt eine Art von Andacht über dem ganzen Bild. Einige summen eine Melodie vor sich hin.

Ich bewundere den Scharfblick, mit dem einige Mitarbeiterinnen vom Bewohnerservice bei bestimmten Bewohnerinnen, wenn sie manchmal orientierungslos durchs Haus irren, eine sich anbahnende Demenz diagnostizieren.

»Der Übergang ist schwieriger als später die Demenz selbst«, erklärte mir eine von ihnen. »Solange noch eine Art Halbbewusstsein existiert, treibt sie eine Unruhe um. Wenn sie dann erst einmal in die Demenzstation aufgenommen sind, verliert sich das häufig ganz, und sie scheinen manchmal zufrieden, fast heiter zu sein.«

Da fiel mir unsere Freundin Irmgard ein, mit der vor allem meine Frau lange Zeit eng verbunden war. Wir haben sie oft gemeinsam in ihrer Wohnung nahe dem Alten Nordfriedhof besucht. Oder wir sind hinausgefahren zu ihrem Bauernhaus in Heiming südöstlich von Wasserburg. Da hatte sie nach unserem Anruf meist schon auf uns gewartet, und sie empfing uns freudig. Wir setzten uns bei schönem Wetter hinten im Garten um den großen Tisch. Sie hatte eine Decke aufgelegt und manchmal eigens einen Zuckerkuchen gebacken.

Die Laufenten kamen angerannt, um uns schnatternd zu grüßen. Es waren farbenprächtige Tiere mit besonders großen Schnäbeln. Irmgard hielt sie, damit sie ihr die Schnecken von den Beeten abfraßen. Zwischen den Bäumen und über die Büsche hinweg sahen wir den Bauernhof, zu dem das von ihr gemietete Haus gehörte. Es war wohl einmal als geräumiges Altenteil errichtet worden, mit zwei Stockwerken, Balkengemäuer und blanken Fenstern.

Irmgard war klein, lebhaft, kinderlieb, sie ging etwas gebückt und musste zu uns aufsehen. Und sie war immer an unseren Ansichten über die jeweiligen neuen Nachrichten interessiert. »Wenn ihr kommt, seid ihr meine Zeitung«, sagte sie. »Ich habe hier ja keine.«

Natürlich wollte sie uns auch ihre inzwischen wieder fertiggestellten Töpferarbeiten zeigen, gelbblaue Schalen und bunt bemalte Teller, die Tassen gelangen ihr nicht recht. Gern trug sie auf den Grund einer Schüssel ihren Lieblingsspruch auf: »Über den Wolken scheint immer die Sonne.«

Sie brachte ihre Arbeiten zu einer nicht weit entfernten Brennerei und verkaufte, als sie noch jünger war, vieles auf den Wochenmärkten in der Umgebung. Als sie nicht mehr Auto fahren konnte, zog sie sich ganz auf die Stadtwohnung zurück. Ihren achtzigsten Geburtstag haben wir mit ihrer Familie und Freunden bei einem Italiener gefeiert.

Da fiel es uns zum ersten Mal auf, dass sie etwas sonderbar, früher sagte man »abständig«, geworden war.

Sie sonnte sich im Glanz der vielen Kerzen und Gläser unserer Tischgesellschaft. Plötzlich stand sie auf, hielt ihr Glas, den anderen zuprostend, vor sich hin und rief: »Ihr habt alles für mich so richtig schön gemacht. Das ist ein wundervoller Geburtstag. Ich liebe euch alle, und ich danke euch!«

Wir stimmten »Hoch sollst du leben« an.

Nach kurzer Zeit stand sie zu unserem Erstaunen wieder auf und rief fast dasselbe noch einmal. Ihre Tochter fasste sie am Ärmel und machte eine Bewegung, als wollte sie ihre Mutter herunterziehen.

Aber nach zehn Minuten war es schon wieder so weit, dass Irmgard zum dritten Mal aufstand und schon die Lippen zu ihrer Lobeshymne spitzte. Sie schaute sich erschrocken um, als die Familie im Chor rief:

»Aber Mutti, nicht schon wieder!«

»Ich möchte euch doch danken.«

»Das hast du doch schon zweimal getan?« Und da erschien etwas wie ein schmerzhafter Zweifel auf ihrem Gesicht, das gerade noch vor Freude geleuchtet hatte.

»Habe ich das wirklich?« Und sie meinte wohl viel mehr als nur den Widerspruch ihrer Kinder und Enkel.

Das war der Anfang eines langsamen Verdämmerns. Ihre Tochter und ihr Schwiegersohn sorgten für sie, so gut sie das konnten.

Schließlich wurde Irmgard auf eine feste Demenzstation im Anschluss an das Schwabinger Krankenhaus aufgenommen. Meine Frau hat sie dort noch mehrfach besucht.

Einmal kehrte sie zurück und sagte traurig: »Sie hat mich zuerst gar nicht erkannt, sondern gefragt: ›Wer bist du?‹

›Du kennst mich doch, ich bin Marlen.‹

›Komm herein und setz dich.‹

»Ich habe irgendetwas erzählt und das Gefühl gehabt, sie hörte meine Stimme nicht ungern.«

Einige Zeit später war jede Möglichkeit, sie noch zu erreichen, für Marlen vergangen. »Wenn ich die Tür aufmache und eintrete, dreht sie sich zur Wand und zieht sich die Decke über den Kopf. Sie ist in einer anderen Welt versunken. Es macht keinen Sinn mehr, dass ich hingehe. Gut, dass sie diese Tochter hat.«

Es war unsere erste Berührung mit dieser Alterskrankheit, die immer mehr ältere Menschen umschließt.

Irmgard, 1919 geboren, starb im Jahr 2011.

Nun hat die liebe Seele Ruh

Niemals in meinem tätigen Leben habe ich über so viel freie Zeit verfügt wie auf einmal im hohen Alter. Als ich 87 Jahre alt wurde und so viel Post wie Anrufe erhielt, habe ich mir in der Schwabinger Autorenbuchhandlung Fischers Neuen Weltalmanach 2013 ausgesucht. Ich wollte, falls ich derlei doch wieder brauchen sollte, neue Zahlen, Daten und Fakten über Länder und Kontinente auffinden können. Allein der Besitz freute mich; gebraucht hab ich dies Nachschlagwerk inzwischen nur selten.

Ich erinnerte mich, wie in meiner Jugend Bücher für mich fast etwas Heiliges waren. Der Buchhändler, den meine Mutter für sich ausersehen hatte, schickte ihr durch einen Lehrling alle paar Wochen einige Neuerscheinungen zur Ansicht. Sie wählte ein oder zwei aus, brachte ihm die anderen zurück in seinen Laden und bezahlte, was sie schuldig war.

Als ich mir von meinem Taschengeld zum ersten Mal selber ein Buch in dem Sortiment am Braunschweiger Bohlweg kaufte, glühte ich vor Stolz. Zur Konfirmation wünschte ich mir und bekam die Gesammelten Werke von Schiller, Kleist und Shakespeare. Der Goethe-Kult ging mir als Halbwüchsigem »auf den Wecker«. Mehr und mehr waren Bücher für mich eine Verkörperung des Geistes.

Mit fünfzehn, sechzehn kaufte ich mir manchmal Bücher, einfach weil sie so edel aussahen. Doch bei Menschen hatte ich inzwischen erlebt, dass sie eindrucksvolle Gesichter haben konnten und mir doch in ihrem Wesen hohl erschienen.

Bei Büchern war es offenbar nicht anders. Allmählich wurde mir klar, wie idealisierend meine Buchbetrachtung war. Bücher waren also wie die Menschen, von denen sie handelten. Wie sollte es auch anders sein? Dies alles geschah in den Jahren 1940 bis 1942. Deutschland hatte mit dem Überfall auf Polen den Zweiten Weltkrieg verursacht. Es wurde absehbar, dass auch ich noch Soldat werden sollte.

Im Februar 2013, in dem ich dies schreibe, liegt im Park um unser Augustinum auf den Wiesen und freien Flächen draußen noch reichlich Schnee. Die Nächte sind bitterkalt. An jedem neuen Morgen hängt die Pracht dicker Schneepelze in den Zweigen der Ahornstämme vor unseren Fenstern, und zum Straßenrand hin stehen die Tannen als weiß ummantelte Riesen wie Wächter. Lange Zeit sitze ich an meinem Schreibtisch, schaue hinaus und denke, als könnte ich noch einmal vieles erneuern, über die Erstmaligkeit meines Ruhestands nach.

Dabei erinnere ich mich an das Wort von der Seelenruhe, suche nach und finde im Evangelium des Lukas die Zeilen: »Liebe Seele, du hast einen großen Vorrat auf viele Jahre; habe nun Ruhe, iss, trink und habe guten Mut!« (Lukas 12,19). Ich wundere mich, dass vor zweitausend Jahren der Urheber dieses Textes die Seele für derart körperhaft gehalten hat, dass er glaubte, sie sogar ernähren zu müssen.

Für mich ist die Seele etwas rein Spirituelles. Mir scheint, sie ist mein inneres Spiegelbild. Sooft ich dies hintergründige Konterfei in meinem Kopf aufsuche, spüre ich einen inneren Anstoß, als müsse ich mich verändern.

Abwartend bewege ich mich in meinem neuen Zeitgefühl und spüre, dass es mir auch neue Räume erschließen kann. Der Schlüssel dafür liegt in meiner Geduld. Ungeduld öffnet nicht. Zwischen einem Entschluss und seiner Ausführung spornte mich bisher meist eine Dringlichkeit an, die von Muße nichts wissen wollte. Heute habe ich keine Gründe mehr, um mich zu beeilen. Trotzdem schaue ich mich noch manchmal um nach dem, was mir abgeht, wie nach einem verlorenen Schlüsselbund. Es braucht seine Zeit, bis ich begreife: Gerade dies ist die Schlacke meiner alten Ungeduld, ich müsste sie endlich auf jener erdenklichen Halde für Relikte entsorgen, über die wohl jedes Individuum verfügt.

In meiner neuen Vita bin ich in anderer Weise als früher auf mich allein angewiesen. Anstelle meiner damaligen Exaktheit bei Terminen brauche ich innere Ruhe. Weil ich nie viel allein war und mich immer aus dem Handeln mit anderen definiert habe, fehlt mir diese Erfahrung im Umgang mit mir selbst. Wenn ich mir nichts vormache, fühle ich mich in meinem manchmal doch wieder aufflackernden Beschäftigungsdrang von Leerstellen umgeben und fühle eine pulsende Nervosität in meinen Gliedern. Es fällt mir schwer, stillzusitzen. So widerlege ich immer noch meine eigene Einsicht. Warum erscheint mir der Gewinn an freier Zeit immer noch wie ein Verlust? Und wie helfe ich mir aus dieser Sackgasse?

Ich ziehe meine innere Reißleine, um mich abzufangen. Wenn mir danach zumute ist, mache ich mich auf und betrete vom unteren Flur aus die Kapelle. Dort setze ich mich in eine der mittleren Reihen und überlasse mich als einziges atmendes Wesen in dem halbdunklen Raum der Meditation.

Ich lausche auf meine innere Stimme. Sie weiß: Die Insel, auf der ich gelandet bin, bin ich. Ich habe nur noch wenige Pflichten. Die Handlungsstärke, die mich in meinem Schreibberuf wie in der Politik jahrzehntelang vorangetrieben hat, verliert sich wie ein stillgelegtes Schienennetz in den Weiten meines Nachsinnens. So regelmäßig wir sonst zu zweit das meiste gemeinsam bedenken – diese Fracht meiner Gedanken behalte ich lieber für mich.

Natürlich hege ich ein wenig auch die Hoffnung, dass einige andere Männer, die mit ihrem Beruf ebenfalls zufrieden waren und ihn mit einem gewissen Erfolg ausgefüllt haben, mit meinem Protokoll der Selbstfindung etwas anfangen können. Vielleicht werden ein paar von ihnen, falls sie diese Seiten eines Tages in ihrem eigenen Ruhestand lesen, in Gedanken sogar einmal ihr eigenes Ego an die Stelle meines Erzähl-Ichs in den Text einsetzen.

Alles ernsthafte Schreiben beruht nicht nur auf einem ausgeprägten Mitteilungsdrang, sondern auch auf dem Wunsch nach einem imaginären Dialog mit einzelnen Lesern, irgendwann, irgendwo in der Zukunft.

Als meine Frau und ich uns nach einem halben Jahr im Augustinum München Nord eingelebt hatten, habe ich den Wunsch des Stiftsdirektors Johannes Weigl aufgegriffen und in den Monaten Januar bis Mai 2012 in fünf »Bücherstunden« von meinen Begegnungen mit mir besonders Vertrauten unter den allgemein bekannten Schriftstellern erzählt.

Zuerst berichtete ich von der Tatsache, dass viele von ihnen – wie einst auch Hermann Hesse – eine Lehre im Buchhandel absolviert und manchmal auch längere Zeit dort gearbeitet haben. Sie wollten den Büchern auf diese Weise schon einmal nahe sein, bevor sie eigene Werke veröffentlichen konnten. Das galt für Heinrich Böll, Alfred Andersch, Hans-Werner Richter und nicht wenige Autoren der »Gruppe 47«.

Eine eigene »Bücherstunde« widmete ich der Dichterin Ingeborg Bachmann und erzählte zuletzt von Christa Wolf und den vielen, leider zu wenig bekannt gewordenen Verbindungen zwischen Autoren in Ost und West während vier Jahrzehnten der deutschen Teilung.

Die nach Notizen frei gehaltenen Vorträge sollten, so stand es anfangs im Programm, in der Bibliothek stattfinden, jedoch kamen gleich beim ersten Mal viel mehr Zuhörende, als man erwartet hatte. Wir sind in die Kapelle umgezogen, und dabei blieb es. Nach dem Vortrag von etwas mehr als einer halben Stunde wurde jedes Mal darüber diskutiert.

Mir hat das Freude bereitet. Und es stellte sich heraus, dass es gar nicht so einfach war, die einmal begonnene Serie wirklich abzuschließen. Immer wieder wurde ich gefragt, ob ich diese »Bücherstunden« nicht doch fortsetzen könne. Nur sagte mir mein inneres Wissen, dass ich mich bei diesen Vorträgen bis zur Erschöpfung meiner Möglichkeiten verausgabt hatte.

Ich war überzeugt, dass mein Vorrat an authentischen Erlebnissen mit außerordentlichen literarischen Gestalten, denen ich bis zur Verehrung, ja einer verschwiegenen Art von Liebe zugeneigt war, eine ranggleiche Fortsetzung nicht mehr hergab. Zum Beispiel über Günter Grass oder Martin Walser, so gut ich auch diese beiden kannte, hätte ich Entsprechendes aus Mangel an eigener Überzeugung durch ihr Werk und ihre Person nie zustande gebracht. Selbst Siegfried Lenz, den ich oft traf und sehr schätzte, hat mich durch seine Romane nicht so motiviert wie Böll oder die Bachmann mit ihren Gedichten.

Hinzu kam, dass ich mich über einen längeren Zeitraum einer klinischen Augenbehandlung unterziehen musste. So habe ich später nur noch im Exegese-Kreis unserer Stiftspfarrerin Inken Mädler (über christliche Ethik) meine Erzählung »Jonas aus dem großen Fisch« vorgelesen.

Aus meiner heutigen Sicht waren diese Vorträge dennoch ein Rückfall in meine frühere Zeit; denn wo ich saß und sprach, war ich plötzlich wieder der Mittelpunkt. So war es über Jahrzehnte hin während meiner Lesungen in Buchhandlungen, Bibliotheken, Schulen und Volkshochschulen sowie Literaturhäusern gewesen. Gerade dieser Verlockung wollte ich doch nicht wieder wie ein Narziss erliegen!

Besonders sinnvoll sind mir immer die Schulveranstaltungen erschienen; denn dabei versuchte ich, Schülerinnen und Schüler – meist der Oberstufe – von der Bedeutung des Handschriftlichen für ihre persönliche Entwicklung zu überzeugen. Ich habe sie jedes Mal ermutigt, Tagebuch zu schreiben und anstelle der schnellfüßigen Mails und des flüchtigen Handygesprudels handgeschriebene Briefe per Post an ihre Freundinnen und Freunde zu richten.

»Ihr werdet sehen«, so hoffte ich, sie für meinen Appell zu gewinnen, »das ist etwas sehr Eigenes und geht viel nachhaltiger in euch ein, und auch in diejenigen, die solche Briefe von euch empfangen.« Einige hörten mir nachdenklich zu, andere sahen mich zweifelnd bis ungläubig an.

Bei diesen Gesprächen setzte ich mich manchmal auf eine Schulbank inmitten der Klasse, damit ich vor allem die Mädchen besser verstehen konnte. »Das Altwerden«, sagte ich, »fängt bei mir in den Ohren an.« Das verstanden sie.

Ich bin nicht müde geworden, sie zu bitten, dass sie darauf achteten, wie sie miteinander redeten. Ob sie nur quasselten, wie sie es auf der Straße oder im Schulhof hörten.

»Man spürt es sofort, wenn ihr nachdenkt, bevor ihr sprecht. Wenn ihr die Wörter bewusst bildet. Sehr viele Menschen plappern nur so vor sich hin. Eure Sprache kann euer persönlicher Ausdruck werden, ein Kennzeichen.«

Es ist mir schwergefallen, mich von diesen Schulveranstaltungen zu verabschieden. Eine Anfrage, die mich unter dem Stichwort »Zeitzeugen in Schulen« erreicht, könnte eine Art veränderter Wiederkehr einleiten.

Zurück in die aktuelle Gegenwart. Wir beide, Marlen und ich, lesen noch täglich, soviel unsere Augen hergeben. Einige Bücher, vor allem Autobiografien, lesen wir zum zweiten und einzelne sogar ein drittes Mal (zum Beispiel Ayaan Hirsi Ali, Egon Bahr, Günter Gaus, Stefan Heym, Volker Schlöndorff, Dorothee Sölle, Carl Zuckmayer).

Und wir spielen zu zweit die Streit-Patience. Damit haben wir uns im Winterhalbjahr, damals noch im eigenen Haus, schon gern beschäftigt. Irgendwie haben wir dann über dem Umzug hierher und purer Vergesslichkeit die Einzelheiten unserer Spielregel aus dem Gedächtnis verloren. Schließlich haben wir andere Kartenspielerinnen nach ihrer Kenntnis dieser Patience gefragt. Gleich waren mehrere von ihnen bereit, uns das Vergessene wieder beizubringen. Dabei stellte sich heraus, wie viele Lesarten des auch Zank-Patience genannten Spiels es gibt (aber gezankt haben wir uns dabei nie). Beim aufmerksamen Zuschauen wurde uns klar: Keine dieser Spielweisen war die unsere. Aber eines war gewonnen: Wir lernten interessante Menschen kennen.

Besonders eine Mitbewohnerin, die uns als Tischnachbarin beim Essen schon etwas näher bekannt war, entpuppte sich bei unserer vereinbarten Spiel-Lehrstunde auf für uns unerwartete Weise. Ich nenne sie hier Johanna Jaeggi.

Sie war, als sie mit 21 Jahren mündig wurde, nach Australien ausgewandert und hatte dort jahrelang mit verschiedenen Tätigkeiten ihr Geld verdient und oft die Schauplätze gewechselt. Alles, was sie uns berichtete, entsprang einer außergewöhnlichen Energie und Fantasie. Das machte uns zunehmend darauf gespannt, wie ihre Geschichte weitergehen würde. Und so haben wir ihr im Laufe des Zusammenseins viele Zwischenfragen gestellt.

Frau Jaeggi war eines Tages nach Deutschland zurückgekehrt, hatte einen Mann mit dem schweizerisch klingenden Namen geheiratet und war seinem Welthunger nach Jamaika gefolgt. Er war Arzt, jedoch dort mit seinem Examen eigentlich nicht zum Praktizieren berechtigt. Trotzdem hat er damit in der Nachbarschaft ringsum leicht verdient, was sie zum Leben brauchten. »Land und Leute gefielen mir«, erzählte sie weiter, »doch auf die Dauer fehlte mir Europa, seine Lebensart und die Kultur. Also habe ich meinen Mann dort im Stich gelassen. Und obwohl ich mich neu gebunden habe, besucht er mich heute noch ab und zu, wenn er sich wieder einmal von Übersee zu seiner alten Heimat aufmacht.«

Frau Jaeggi, mittelgroß von Gestalt, drückt ihre Freude am Wechsel auch damit aus, dass sie aus einem scheinbar unerschöpflichen Kleiderschrank immer wieder andere Gewänder, Hosen-Kombinationen und Schuhe auswählt.

Schließlich aber beeindruckte uns etwas ganz Anderes. Sie sprach davon nüchtern und in vertraulicher Offenheit, sie sei in letzter Zeit jener schlimmen Krankheit ausgeliefert gewesen, die gleich mehrere Organe befallen hätte.

»Die Chemotherapie, eine Qual, aber sie hat wirklich geholfen«, erklärte sie uns. »Man hat mir gesagt, die Nachuntersuchungen lassen inzwischen auf Heilung hoffen.«

Wir fanden, das bewies eine fast unglaubliche Vitalität und Lebenskraft. Fortan sehen wir sie mit neuen Augen, und wir bewahren unsere Erinnerung an diesen Nachmittag.

Die Streit-Patience spielen wir aber nun doch nicht auf ihre Art mit den eigenwilligen Farbwechseln. Ich habe uns näherliegende Regeln im Internet gefunden. Mit denen kamen wir unserer alten Spielweise wieder auf die Spur.

Heute frage ich mich: Wie kann ich all meinen Reichtum an freier Zeit in eine mir selbstverständlich werdende Muße verwandeln? Wenn ich früher ein Fluss war, immer in Bewegung, bin ich heute eine Insel. Ich baue meine Ufer aus. Marlen ist auf ihre Weise auch eine Insel geworden. Solange wir leben, werden unsere beiden Inseln in der Tiefe unzertrennlich bleiben. Zwar wissen wir: Jeder muss seinen eigenen Tod sterben, das kann aufs Letzte einsam machen. Aber wir wissen auch: Liebe kann es tragen helfen.

Da man mit Menschen, die man täglich sieht – wie wir einen Teil der Bewohner unserer Altenburg –, nicht immer wieder neue Gesprächsthemen finden kann, erweitert sich meine Schneise zwischen Selbstgesprächen und Träumen. Manchmal sitze ich mit halb geschlossenen Lidern im Park auf einer Bank, lausche den Meisen und Finken, die gegenwärtig im Vorfrühling ihrer Brutpflege entgegenflattern, bemühe mich, die Fahrgeräusche des Autostroms von den angrenzenden Straßen zu überhören, und ich suche nach der großen Ruhe, die ich mir immer mehr wünsche.

Dieser Tage fiel mir wieder die stabil gebundene Taschenbuchausgabe »Goethe, Faust, I. Teil« in die Hand, auf deren erster Seite mein Vater mit Bleistift notiert hat: »Tröster in unserer Kgf. Mai–Aug Attichy 1945«. Während dieser Gefangenschaft hat er mit Bleistift auf vielen Seiten Einschätzungen notiert, die heute nur noch schwer zu entziffern sind, zum Beispiel: »Es fehlt die Geduld zum Forschen.« Oder: »Skepsis. Bruch des Erkenntniserwerbens«.

Der Einband ist fleckig von Spuren jämmerlicher Mahlzeiten, mit denen US-Bewacher die gefangenen Stabsoffiziere der Heeresgruppe West damals traktiert haben. Ein Löffel war ein Besitz. Fünfunddreißig Jahre später ist mein Vater gestorben, und ich erinnere mich weitere dreiunddreißig Jahre später daran, wie ein ehemaliger Oberst und Mitgefangener mir einmal berichtet hat: »Ihr Vater kannte viele Seiten des *Faust* auswendig, und er sagte sie sich halblaut auf, wenn er an dem Wall aus Pfosten und Stacheldraht entlangging. Es war von ihm nie eine Klage zu hören.«

Was für eine leuchtkräftige Fähigkeit des Erinnerns ist uns Menschen mitgegeben, und wie können wir sie stützen, indem wir überkommene Zeugnisse dieser Vergangenheit bewahren. Manchmal träume ich noch von meinem Vater, ich sehe ihn dann jedes Mal in der Haltung, die ihn auszeichnete, aufrecht, standfest und besonnen. Er war der Erstgeborene und hat seine Schwester sowie alle vier Brüder überlebt.

Was meine jetzigen Träume angeht, so krempele ich in den Nächten nach und nach viele Stationen meines Lebens noch einmal um. Konfliktsituationen kehren wieder. Manchen Fehler würde ich heute nicht mehr begehen, – wenn ich mich noch einmal entscheiden könnte.

Oft jedoch bin ich auch beschämt über meine heutigen Träume. Denn früher habe ich, zumal wenn ich lange an einem neuen Roman arbeitete – oft vor dem Aufwachen –, fanantasievoll und farbig geträumt, manchmal sogar mit einem Titel. So erging es mir mit »Chinese Moovy«, einem Traum, den ich dann in meinen »Brüder«-Roman aufgenommen habe. Derzeit sind meine Träume manchmal so flach, schwatzhaft und nackt wie Filme im öffentlich-rechtlichen Fernsehen, seit es die kommerzielle, bestimmt nicht »private« Konkurrenz gibt.

In den Abendstunden retten uns oft, aber nicht immer, Arte, 3 SAT und BR Alpha Forum mit hervorragenden Filmen, Interviews und Dokumentationen. Doch häufig bleiben sie auch aus. Wir überlegen Alternativen, Spiele, Gespräche und Kulturveranstaltungen hier im Haus.

Eines sage ich mir entschieden: Gelassenheit, einmal erworben, will verteidigt und erneuert werden. Gewiss würde ich mit mehr Muße auch erholsamer träumen.

»Inquietum est cor nostrum ...«, »Unruhig ist unser Herz, bis es Ruhe findet ...«, mit diesen Worten hat Augustinus seine *Confessiones* begonnen.

Familien, Besuche – Freude und Traurigkeit

Sonntags fliegen die Türen auf, und die Enkel stürmen herein, die Arme ausgebreitet. Buben strecken mit der rechten Hand den Großmüttern ein paar vor Eifer schon zerdrückte Blumenstängel entgegen und rufen: »Aus unserem Garten!« Mädchen stehen mit knisternd verpacktem Kuchen auf der linken Hand abwartend im Flur, mit fragendem Blick. Sie sind zufrieden, wenn sie von dem Mitbringsel befreit und vom leicht gebeugten Opa auf seine für sie noch immer schwindelnde Gesichtshöhe emporgehoben werden.

Je nach Beweglichkeit der Großeltern staffelt sich der Familienempfang von der Straße, wo mancher Altvordere erwartungsvoll hin- und herschreitet, über die Einfahrt und vorbei am lächelnden Nashorn, auf dem viele Kinder vor dem Nachhauseweg unbedingt noch herumklettern wollen.

»Ihr seid ja schon wieder gewachsen!«

»Ich bin jetzt vier!«

Das Willkommen steigert sich mit Zureden und Fragen, Rufen und Kindergetrappel vor der Anmeldung und verteilt sich zwischen den Gängen auf verschiedene Lifte. Drei Generationen treffen sich.

Die Einsamen und die Absonderlichen gehen dabei leer aus. Manche von ihnen überfällt eine wehrlos machende Traurigkeit. Andere können gut allein sein, ohne ihrer selber überdrüssig zu werden. In jedem Fall ist es ein Schicksal, keine Kinder zu haben, selbst gewählt, nicht ungern hingenommen oder immer wieder bedauert. Wie anders hätte ihr Leben mit Nachkommen sein können.

Wie sich alles ändert im hohen Alter, dem man vor Zeiten das Wort »Greise« zudachte, so wandelt sich auch die Fähigkeit zur Freude. Die Kaskaden der Freude sehen silbern aus, sie spiegeln sich leuchtend in ihrem bedächtigen Fluss. Am Sonntag wird gefeiert. Die Erwartung erfährt im Lauf der Woche einen allmählich sich steigernden Zuwachs, der kaum noch eine Ungeduld kennt.

Die Uhren Achtzigjähriger gehen anders. Um die neunzig wird das Schwingen der Zeit durch die Tage für viele zu einer inneren Musik mit wechselnden Tonarten von weit und nah. Sie lauschen auf die Klänge, die auch Schwerhörige ohne Ohrklips wahrnehmen können. Selbst die Stille des Abends vor dem Einschlafen kennt ihre Melodien, wenn der Tag sich verabschiedet.

Wie oft stehen die Alten am Fenster, schauen in die Weite und überlassen sich Tagträumen. Sie verfolgen, wie Sonnenstrahlen durch die ziehenden Wolken brechen, hören ihren Atem gehen und sinnen ihren inneren Stimmen nach. In solchen Augenblicken schweigen sie lieber, auch zu zweit. Sie spüren körperlich ihre Freude, dass sie Kinder haben, und Enkel.

Die kleinen Mädchen und Buben haben sich von ihren ersten Tagen an von den Großeltern bewundert und geherzt gefühlt. Manche von ihnen unterscheiden die Vatereltern, die im Norden wohnen und für sie unsichtbar geworden sind, von den Muttereltern, die sie immer wieder besuchen. Sie bemerken kaum, wie die Alten noch älter werden. Aber sie spüren bei Großvater den Duft seines Rasierwassers und fühlen, wie sein Schnurrbart kitzelt.

Großmutter duftet ganz anders, wie nach gebündelten Blumen.

Ich nannte als Kind Vaters Mutter in Goslar die Rauchoma und Mutters Mutter Cläre Friedrich in Blankenburg die Strickoma. Ich spielte gern heimlich in ihrem Zimmer mit der elfenbeinernen Runzelrolle, die auf der weißgeklöppelten Decke unter dem aufgestellten Spiegel auf ihrem Frisiertisch lag.

Einst war sie eine wagemutige Reiterin gewesen, im Damensitz. Als sie neunzig wurde, schrieb sie uns: »Der liebe Gott hat mich vergessen. Betet für mich, dass ich sterben kann.«

Großvater Georg aber erschreckte mich immer wieder, weil er sein linkes Auge aus bemaltem Glas herausnehmen konnte. Er legte es nachts in ein Glas, mir schien, das Wasser perlte, als schwämme ein Fisch darin. Als Junge hatte ihn ein Nachbarskind beim Spielen mit der Steinschleuder getroffen, und dabei hatte er sein linkes Auge eingebüßt. Vielleicht hat ihn das im Ersten Weltkrieg vor einer Dienstpflicht bewahrt. Als Soldat wäre er wohl ohnehin nicht eingezogen worden, weil er mit seinem Bruder in Kassel eine Fabrik für medizinische Instrumente betrieb, die für Lazarette wichtig war.

Vor diesen einprägsamen Gestalten der mütterlichen Familie verblasste Großvater Wilhelm in meinen Augen, obwohl sein »Wählt Lattmann« einst als ein geflügeltes Wort in Umlauf war. Amtsrichter war er in Schmalkalden gewesen und von 1903 bis 1911 Reichstagsabgeordneter der Deutschsozialen Partei für den Wahlkreis Kassel-Melsungen. Er ist im April 1935 gestorben, »an Führers Geburtstag«, wie eine Zeitung damals schrieb.

Seine Frau Anna, die Rauchoma, hat noch bis 1955 in Goslar gelebt. Wenn ich sie als junger Mann besuchte, bevor ich Soldat wurde, gingen wir abends regelmäßig in Nähe der Kaiserpfalz ein Bier trinken oder zwei, das brauchte sie, um schlafen zu können. Ihr Gesicht war durchzogen von kreuz und quer verlaufenden Altersgravuren, und um ihre Augen lag oft ein Ausdruck von Fragen und Güte. Sie redete, rauchte und zählte mit brüchiger Stimme auf, an welchen Fronten ihre fünf Söhne gerade kämpften.

Einmal platzte ich ins Badezimmer hinein. Sie hatte vergessen abzuschließen. Großmutter stand in der Wanne, rasch kehrte sie mir den Rücken zu. Ich sah das Alter in Gestalt.

Ihre Tochter Annemarie war, wie früher sie, Lehrerin geworden, wegen ihrer vier Kinder hatte sie aber diesen Beruf nur kurz ausgeübt. Wenn wir uns in Goslar aufhielten und sie in ihrer Wohnung aufsuchten, war sie still und freundlich. Ich habe viel zu spät begriffen, wie sehr ich ihre Fülle an Wissen und Lebenskraft unterschätzt hatte. Ich konnte es ihr nicht mehr sagen; denn sie ist früh gestorben, ein Jahr nach unserer Mutter. Es war ein Versäumnis, aus dem ich lernte, in Zukunft zu bedenken, wann es für etwas Wichtiges die rechte Zeit ist. Wenigstens nahm ich mir das vor.

Nach Stalingrad brach das Verhängnis über unsere väterliche Familie herein, es teilte die vielfältige Schar der Brüder und Verwandten mitsamt ihren Kindern und Kindeskindern. Wie das geschlagene Land wurden wir auseinandergerissen, der Zahl nach lebten zwei Drittel im Westen, ein Drittel im Osten. Ich war 22 Jahre alt, als das geschah.

Spätestens seit dem Bau der Berliner Mauer habe ich gedacht: Solange Deutschland geteilt bleibt, müssen die Einzelnen sich bemühen, die Grenze zu überwinden, damit Familien, Freunde und Berufsgruppen einander nicht ganz abhandenkommen.

Durch das im September 1987 beim Besuch des Staatsratsvorsitzenden Erich Honecker in Bonn unterzeichnete Kulturabkommen wurde dieser Vorsatz zum festen Bestandteil westdeutscher Politik. Das Abkommen war Jahre zuvor ausgehandelt worden. Ich reiste also, wenn ich am Bahnhof Friedrichstraße in das Berlin der DDR überwechselte – als Politiker eine Zeit lang mit Diplomatenpass wie auch als Schriftsteller – dem öffentlichen Auftrag entsprechend.

Ich kehre zu den Besuchen zurück: Wenn ich mich erinnere, wie ich als kleiner Junge das Altern der Alten bemerkt habe, kann ich mich in die Kinder von heute hineinversetzen, die hier in unserem Augustinum ihre Großeltern und manchmal schon ihre Urgroßeltern besuchen. Es ist eine völlig andere Welt, in der sie aufwachsen.

Wie intensiv sich auch immer die meisten Mütter und Väter bemühen, ihren Töchtern und Söhnen in den frühen Jahren eine behütete Kindheit als Grundlage für das Leben mit auf den Weg zu geben – spätestens mit Beginn des Schulalters können sie ihnen die täglichen Nachrichten aus aller Welt nicht länger vorenthalten. Mit Beginn der Pubertät bricht nicht nur das Erwachsenwerden über sie herein, sondern mehr und mehr auch die grausamen Seiten der Wirklichkeit.

Die heutige Gegenwart ist mediendurchsetzt, maßlos übertechnisiert, unsinnig beschleunigt und mehrheitlich rücksichtslos im Missbrauch der Natur. Nach und nach lernen die jungen Leute, sich zwischen dunklen und hellen Lebenslinien zu entscheiden, so gut sie können, und sie suchen sich an raren Vorbildern zu orientieren.

Doch wie die Kinder da auf der Zufahrt angerannt kommen, den Müttern vorweg, können sie noch nichts wissen von den selbstvernichtenden Gefahren der übervölkerten, zu Tode bewaffneten, gewalttätigen Welt. Sie wachsen einzeln und in Gruppen heran als die neuen Einzelnen unter Milliarden Menschen, die auf eine gewisse Freiheit ihres Lebens hoffen.

Während ich dies schreibe, erreicht mich der dazu passende, allgemeine Ostergruß der Leitung aller Augustina und unseres Hauses mit diesen Worten: »Allen, die aus der sperrigen Zusage von der Auferstehung der Toten Konsequenzen ziehen für ihr Leben schon jetzt, allen, die diese Kunde gerne glauben würden, aber nicht glauben können, und allen, die am allmächtigen Tod nicht verzweifeln, sondern zweifeln, sei eine nachdenkliche und dabei fröhliche Osterzeit gewünscht.«

Klarer kann man es nicht sagen, als es Markus Rückert und Elke Schmidt hier getan haben. Für ein Unternehmen, das der Evangelischen Diakonie verbunden ist, wirkt dieser Freimut erstaunlich, er verdient entsprechenden Dank.

Vielen Nachdenklichen unter den Bewohnern erscheinen diese Worte aus ihrer Seele gesprochen. Darum strömt den Kindern bei ihren Besuchen die umso größere Liebe der Alten zu, eine Liebe, die in ihre Fürsorge alle Sorgen und alles Wissen um die Gefahren einschließt. Sie ist beflügelt von den geistigen Kräften der letzten Lebenszeit und trägt immer auch das Vorwissen um den Abschied in sich. So bleibt das Meiste ungesagt, wenn die Alten ihre Kindeskinder in die Arme nehmen.

Großmütter fragen zum Beispiel:

»War es sehr schlimm, als du im Krankenhaus warst?«

»Hast du eine richtig gute Freundin?«

»Was liest du denn gern?«

»Du hast so ein schönes Kleid an – hat deine Mutter das selber genäht?«

»Wie findest du deine Lehrerin?«

»Bringst du mir einmal deinen Teddy mit? Oder was ist dein liebstes Stofftier?«

»Mein Jungchen, möge Gott dich behüten.«

Großväter fragen lieber:

»Hast du schon richtig schreiben gelernt?«

»Und wie ist es mit dem Rechnen? Wie viel ist 7 x 13?«

»Spielt ihr eigentlich auch mit Soldaten? Gibt es so etwas überhaupt noch?«

»Hast du schon ›Winnetou‹ gelesen?«

»Wie viel Stunden Sport habt ihr in der Woche? Wir hatten fünf, und dazu einen Nachmittag Spielturnen.«

»Wer bezahlt dein Handy? Dein Vater? Oder machst du das von deinem Taschengeld?«

»Überleg dir genau, was du sagst.«

Für Marlen und mich bleibt es eine offene Wunde, dass wir keine Enkelkinder haben, die uns besuchen. Umso mehr freuen wir uns, wenn das junge brasilianische Paar aus São Paulo, mit dem wir uns angefreundet haben, uns einmal wieder mit ihrem kleinen Buben besucht.

Auf unserer Abschiedsfeier vom eigenen Haus war dies winzige Menschlein erst zu erahnen, aber ich habe dies beginnende Leben, als ich die Gäste reihum begrüßte, zum Schluss eigens bedacht. So erhielt Chico, schon bevor er auf die Welt kam, den ersten Applaus, und seine Mutter strahlte. Es ist, als hätten seine Eltern uns als Vizegroßeltern adoptiert. Ich nenne sie hier Carlos und Clarice.

Eines Tages waren sie in das Haus neben uns eingezogen, und wir sahen, dass sie in der Dachwohnung wohnten. Bald trafen wir die beiden auch vor dem Eingang. Sie führten am späten Nachmittag, wenn er von der Arbeit zurückkehrte, gemeinsam ihren zutraulichen Golden Retriever aus. Carlos wirkte wie Ende zwanzig, er war groß und schlank, hatte einen schmalen Kopf und feine Gesichtszüge, er sprach fließend deutsch.

Clarice war kleiner, wohl einige Jahre jünger, und sie wirkte südländisch. Mit dem Deutschen kam sie mühsam zurecht, aber weil sie sprachbegabt ist, änderte sich das rasch.

Die beiden gefielen uns auf der Stelle, und so kamen wir ins Gespräch. Sie waren so herzliche wie natürliche junge Leute, und es stand ihnen ins Gesicht geschrieben, wie sehr sie einander liebten.

Als wir uns einmal wieder vor ihrem Gartentor unterhielten, verstärkte sich unser Wunsch, dass wir sie gern näher kennenlernen wollten. Da sagte Marlen spontan: »Haben Sie ein bisschen Zeit, dann kommen Sie doch, wenn Sie Lust haben, gleich mit zu uns herüber.«

Sie überlegten. »Erst gehen wir mit dem Hund, und auf dem Rückweg werden wir bei Ihnen läuten. Im Parterre?«

»Ja. Und den Hund bringen Sie mit.«

Wir freuten uns, dass sie darauf eingingen, also erfuhren wir mehr voneinander. Carlos hat Maschinenbau studiert, in seinem Beruf hat er in München eine gute Arbeit gefunden und wird in dem Unternehmen auch zur Verbindung für den Export nach Brasilien gebraucht.

Clarice ist Ökonomin, sie arbeitet zu Hause im Netz als Wirtschaftsberaterin. Als sie zum zweiten Mal zu uns kamen, machten wir zu viert ein kleines Fest daraus. Diesmal blieben sie für länger und verwöhnten uns auch gleich mit kleinen Geschenken, Süßigkeiten und einer brasilianischen Handarbeit. Sie kannten München zwar schon ganz gut, doch konnten wir ihnen noch vielerlei Hinweise geben.

Eine Schwester von Carlos war in Holzkirchen verheiratet, und der Besuch der Deutschen Schule in São Paulo, wo sie einander trafen, hatte ihnen sichere Grundkenntnisse über Europa vermittelt. Sie waren weltläufig.

Als sie uns verließen, nahmen wir einander fest in die Arme, und das Du wurde selbstverständlich. Strahlend hatte uns Clarice wissen lassen: »Ich bin schwanger. Kaum hatte ich die Pille abgesetzt, hat es gleich geklappt!«

Als Chico ein Jahr alt wurde, hat Clarice uns beide zu einem Kinderfest mit jungen Müttern unter den schattigen Bäumen des Spielplatzes vor dem Englischen Garten eingeladen. Zum Glück schien die Sonne, es gab von den Müttern mitgebrachte, selbst gebackene Kuchen. In den Zweigen hingen Luftballons. Chico saß oder stand selbstbewusst unter allen Kindern, als wisse er genau von seiner Rolle als Mittelpunkt.

Es war eine zauberische Stunde, ein junges Mädchen spielte Klampfe, auf einem langen Tisch standen das Gebäck und Fruchtgetränke. Einige Väter kamen am späten Nachmittag von der Arbeit dazu und setzten sich neben die anderen auf ausgebreitete Decken oder ins Gras.

Marlen und ich hörten zu. Als wir gefragt wurden, erzählten wir, dass wir mit unseren Nachbarn und ihren Kindern vor einem halben Jahrhundert genau hier in diesem Viertel auch so schöne Feste gefeiert hatten, allerdings nur in den bescheidenen Grenzen der damaligen Möglichkeiten. Kinder bringen die Eltern zusammen, vor allem die Mütter. Es ist das Leben, das immer wieder neu auf die Welt kommt.

Auf dem Rückweg kamen wir an unserem ehemaligen Haus vorüber. Auf dem Grundstück waren mächtige Veränderungen im Gang. Von den sieben Birken waren sechs gefällt, nur die höchste steht noch, und die beiden Apfelbäume auch. Das Dach war aufgewölbt und neu eingedeckt, dort war offenbar eine noble Wohnung vorgesehen. Wir hatten aus der Wohnung dieser neuen Freunde im zweiten Stock in unseren früheren Garten hinuntergeschaut und hinter dem Haus riesige Ausgrabungen aufgefunden. Was war dort geplant? Der Käufer des Hauses investierte in den Umbau mit einer grundlegenden Renovierung sicherlich noch einmal Hunderttausende, vielleicht sogar eine weitere Millionen.

Der Anblick hatte für uns aber auch sein Gutes. Wir sahen in diesem Moment endgültig ein: Es war eben längst nicht mehr unser Haus.

Ein neunzigster Geburtstag

In diese Zeit vor Ostern 2013 fiel auch das Familienfest in Hamburg, zu dem mein Bruder Klaus und seine Frau Lilo zu seinem 90. Geburtstag an einem Samstagabend in *Sage-*

biels Fährhaus nach Blankenese eingeladen hatte. Es folgte am Sonntagmorgen das Abschiedsfrühstück in einer beliebten Großbäckerei in Ostdorf. Da unsere väterliche Verwandtschaft unter dem Familiennamen Ristenpart in meinen Romanen »Die Brüder« und »Jonas vor Potsdam« bis über die Wiedervereinigung der beiden deutschen Staaten hinaus von mir autobiografisch geschildert wurde, werde ich hier nur erzählen, was dabei Neues geschah oder meiner Frau und mir erstmalig erschien.

Drei Generationen, zwanzig Personen, waren in dem langen, glänzend geschmückten Raum um Blumen, Kerzen, Gläser und das Festgeschirr des Hauses versammelt. Es wurde stundenlang getafelt. Eine Rede folgte der anderen. Wir Brüder rahmten die Speisenfolge ein. Als Erster begrüßte Klaus die aufs Beste gekleidete Runde, die Frauen farbig geblümt, die Männer schwarz mit schneeigen Hemden und bunten oder silbernen Schlipsen. Über allem lag das Gesumm der mahlenden Stimmen, die verstummten, als sich gleich zu Beginn eine mutige Enkelin erhob und den Großvater liebevoll und keineswegs unkritisch nach seinen aus ihrer Sicht hervorstechenden Eigenschaften schilderte. Sie erntete Beifall.

Während nach ihr eine Phalanx geübter Redner das Glas mit einem Teelöffel erklingen ließ, aufstand und durch ihre eigene Betrachtungsweise meines Bruders zum Gelingen des Ganzen beitrug, stieg ein vielschichtiges Charakterbild des Gefeierten imaginär in unserer Mitte auf. Es reichte vom Russlandkrieg über die Ehemanns- und Vaterrolle und die beruflichen Erfolge als freier Kaufmann bis in das Hamburger Parlament, die Bürgerschaft, deren Vizepräsident er geworden war.

Der älteste Sohn dankte dem Vater, auch im Namen seiner beiden Brüder, für die wunderbare Kindheit, die sie bei ihren Eltern erleben durften. »Aber du warst auch streng. Was du sagtest, wurde immer gemacht.« Als er die Firma übernehmen konnte und sich das besser auszahlte, hätten sie alle miteinander immer wieder herrliche Skiferien in den Kremser Bergen gehabt. Aber in manchen Punkten sei ihr Vater eben doch – »ich sage mal: patriarchalisch geblieben. Als du unseren Teil des Reihenhauses auf Sylt verkaufen wolltest, hast du nicht einmal mit uns gesprochen – solange bis wir protestierten.« Und die Lösung, die dann mit allen getroffen wurde, sei wohl demokratisch zu nennen.

Der einstige Rekrut aus der Elitedivision des Heers namens *Großdeutschland* berichtete uns von dem Augenblick, in dem er Klaus als Leutnant, der nach seiner ersten Verwundung als Ausbildungsoffizier nach Guben an der Lausitzer Neiße (seit 1945 als Gubin polnisch) verlegt worden war, zum ersten Mal zu Gesicht bekam. »Du erschienest mir für einen Vorgesetzten ungewöhnlich freundlich. Ich weiß noch, du ließest dir Meldung machen, schautest unsere Reihen an und befahlst – er machte nun die Kommandostimme nach: »Gut so. Weitermachen! Du hast kehrtgemacht und bist davongegangen.«

Als Letzter folgte ich, beginnend mit den Worten: »Zum Nachtisch kommt der Bruder.« Eigentlich hatte ich gar nicht reden wollen, aber Marlen hatte mir im Laufe des Essens und Zuhörens auf einmal den Anstoß gegeben: das werde jetzt von mir erwartet. Also war ich in der eingetretenen Pause aufgestanden, in den Flur gegangen und hatte nachgedacht. Ich wollte nicht noch einmal von unserer Kindheit und Jugend erzählen und auch nicht von den oft parallelen, manchmal auch gegensätzlichen Entwicklungen unserer beiden Familien. Das alles war an Familientagen und bei früheren Festen schon reichlich oft gesagt. Ich wollte diesmal nur von zwei Besonderheiten sprechen: von unseren Brüder-Wanderungen und von unserer Zugehörigkeit zu den beiden großen, sehr unterschiedlichen Parteien mit entsprechenden Denkweisen und Konsequenzen für jeden von uns persönlich.

»Mein lieber Bruder Klaus«, da stand ich und hatte mir ein paar Hauptlinien im Kopf zurechtgelegt. Alles andere ergab sich aus dem Augenblick heraus und auch aus einer Erwartung in den Gesichtern, die mich anblickten. Ich erzählte also, wie wir Brüder, als wir beide mit dreijährigem Abstand nacheinander in dem Alter anlangten, in dem man für pensionsreif erklärt wird, auf die Idee kamen, uns zu einer Brüder-Wanderung zu treffen. Ausschreiten wollten wir drei Tage lang auf einer Route, deren einzelne Stationen wir telefonisch ungefähr besprochen hatten. Je einen halben Tag rechneten wir für die Anreisen und unsere Rückkehr hinzu.

So trafen wir uns in Erinnerung an einen Teil unserer Kindheit in Kassel und wanderten los durch den Habichtswald und die Schwalm. Übernachtungen brauchten wir nicht zu bestellen, wir würden schon irgendwo unterkommen, und dabei blieb es auch später. Es bereitete uns nicht die geringste Mühe zu überlegen, worüber wir sprechen wollten. Wir kamen unterwegs wie selbstverständlich von einem ins andere. Und das Wetter war uns hold.

Diese ausschreitende Gemeinsamkeit gefiel uns so gut, dass wir unsere Wanderungen nun alle zwei Jahre wiederholten, jedes Mal in anderen Landschaften, insgesamt auf ein Jahrzehnt verteilt. So auch im Harz, ausgehend von Hahnenklee zum Torfhaus und auf den Brocken und im weiteren

Umfeld von Schmalkalden. Danach wanderten wir in der Hohen Rhön mit der Wasserkuppe und dem Segelfluggelände und schließlich im Thüringer Wald auf dem Rennsteig.

Unsere Frauen haben uns hinterher in Hamburg und München gefragt: »Was habt ihr euch nur immer zu erzählen?«

Wir haben geantwortet, das sei überhaupt kein Problem. Wie wir die Themen wechselten, das ergäbe sich wie von allein, schließlich sei der Stoff unser ganzes Leben. Außerdem könnten wir auch gut zusammen schweigen.

Wenn ich mich an meinem Schreibtisch mit Blick auf das mit Bleistiftsätzen beschriebene Papier und die daneben liegenden weißen Blätter in diesen Abend zurückversetze, fällt mir einigermaßen zuverlässig wieder ein, was ich dort in *Sagebiels Fährhaus* außerdem noch gesagt habe:

»Wenn man selber ein hohes Alter erreicht hat, sieht man das Alter und das Sterben der eigenen Eltern mit neuen Augen. Man kann sich ganz anders in sie hineinversetzen, und doch sind sie Menschen ihrer Zeit geblieben, wie wir heute entsprechend auch Menschen unserer Epoche sind.«

Da ich spürte, dass die Zuhörbereitschaft immer noch groß war, fuhr ich fort: »Mit den Jahren wird es immer wichtiger loszulassen, sich nicht mehr in die öffentlichen Ereignisse einzumischen und doch noch lebendig an vielem teilzunehmen, was auf der Welt und im eigenen Land geschieht. Die geistigen Kräfte vermögen im hohen Alter so viel mehr zu bewirken als die körperlichen.«

Ich schöpfte Atem und schaute wieder in die Gesichter mir gegenüber, vor allem in das meines Bruders. »Es gibt so vieles, das wir Brüder gemeinsam haben. Und es ist stärker als das, was uns trennt. Natürlich konnten wir unterwegs die Politik nicht umgehen, das wollten wir auch nicht. Jeder wusste vom anderen, wo die Grenze lag, an der das Gespräch für den Bruder schmerzlich wurde. Da hielten wir beide rechtzeitig an, manchmal ganz knapp, damit der andere auch merkte, dass es ein Opfer war aufzuhören.« Allgemeines herzliches Lachen erklang.

»Ich habe in letzter Zeit neu darüber nachgedacht, wie verschieden wir tatsächlich sind. Ich denke, Klaus, du hast eine theoretische und eine analytische Intelligenz. Ich habe eine intuitive Intelligenz. Daraus erklären sich auch viele unserer Verhaltensweisen. Du wärest von uns beiden nach meiner Überzeugung ein besserer Bundestagsabgeordneter geworden als ich. Aber du hattest keine Chance, es zu werden, weil zu unserer Zeit in Hamburg durchgehend Sozialdemokraten an der Macht waren. Ich war im Bonner Bundestag für eine kurze Zeit ins Rampenlicht gerückt, nur erscheint mir das zum Teil auch als eine Übertreibung.«

Klaus wäre an meiner Stelle wohl durch und durch ein Berufspolitiker geworden. Und zweifellos hätte er darin reüssiert. Ich spielte dagegen bei aller Leidenschaft in einzelnen Auseinandersetzungen eher eine Gastrolle. Ich habe auch im Bundestag immer weiter an Manuskripten geschrieben. Darum habe ich in dieser Rede auch kurz davon gesprochen, wie wichtig es für mich war, nach acht Jahren aus Bonn und dem Allgäuer Wahlkreis an meinen Autorenschreibtisch in München zurückzukehren. Aber ich wandte mich gleich wieder meinem Bruder zu. Einen Augenblick zögerte ich. Doch das Wichtigste fehlte noch, ich wollte es unbedingt sagen.

»Es gab eine Zeit, in der eine hohe Position über Hamburg hinaus in eurer Partei neu zu besetzen war. Ich werde den Namen des Spitzenpolitikers, der dich darauf ansprach, nicht nennen. Er wusste, dass du dich fragtest, ob du dafür in Betracht kämest. Darum bat er dich um ein Gespräch unter vier Augen. Und er hat dir, als du ihn aufsuchtest, dem Sinn nach, vielleicht sogar annähernd wörtlich das Entscheidende gesagt: Sie sind ein guter Politiker, und Sie wären auch ein überfraktionell geschätzter Präsident der Bürgerschaft geworden, wenn wir die Mehrheit gehabt hätten. Aber die Spitzenposition, um die es jetzt geht, das ist nichts für Sie. Sie müssten dann die Härte aufbringen, nicht nur gegnerische Politiker scharf anzugreifen, sondern manchmal auch eigene Parteifreunde mit öffentlicher Wirkung zurückzuweisen und sie jedenfalls vor den Kopf zu stoßen. Dafür sind Sie nicht hart genug.«

Es war eine vollkommene Stille eingetreten. Ich schloss mit den Worten: »Mein lieber Bruder, ich erhebe mein Glas auf dich. Und ich danke dir dafür, dass du diese Härte nie aufbringen wolltest.«

Zeitzeugen an Schulen

In unserem Augustinum leben Hunderte von Zeitzeugen. Vermutlich haben viele von ihnen Ende November 2012 den auffälligen Bericht in der *Süddeutschen Zeitung* gelesen, dass eine Münchner Schülerinitiative Zeitzeugen sucht, die bereit sind, in Schulveranstaltungen Fragen zu ihren Erfahrungen in der Hitlerjugend (HJ), im Bund deutscher Mädchen (BdM), während der zwölf Jahre des Dritten Reichs, in Krieg und Diktatur zu beantworten. Eine Telefonnummer war angegeben. Ich habe dort angerufen.

Eines Tages besuchten uns zwei junge Leute im zweiten Stock von Haus 5. Sie brannten für ihre Sache, erkundeten, was ich erlebt hatte, und fanden, ich sei brauchbar. Im Januar sollte ein Treffen stattfinden. Ich würde dazu eingeladen. Dann hörte ich längere Zeit nichts mehr. Mir wurde klar, dass alles, was mit gerade erst Erwachsenen zu tun hat, seine Zeit braucht, weil sie so viel um die Ohren haben. Ein Vierteljahr später kam die erwartete Nachricht, und ich machte mich auf. Es wurde ein ergiebiger Nachmittag:

Der Münchner Jugendverband *Schülerbüro* hat Zeitzeugen zu einer Zusammenkunft eingeladen. Das Treffen findet im April 2013 an einem Sonntagnachmittag im *Neuhauser Trafo* an der Nymphenburgerstraße statt, nicht weit vom Schlossgraben. Urheber der Idee sind junge Leute, die 2012 ihr Abitur bestanden haben und eine angehende Abiturientin. Sie haben darüber nachgedacht, dass sie in ihrer Schulzeit zu wenig Authentisches über die Nazidiktatur, den

Zweiten Weltkrieg sowie die aus der Niederlage hervorgegangene deutsche Teilung erfahren haben.

Dieser Wissensarmut wollen sie bei Nachwachsenden abhelfen, indem sie Zeitzeugen der deutschen Geschichte des 20. Jahrhunderts in Münchner Schulen begleiten und Gespräche der Alten mit Schülern moderieren, die nahezu deren Urenkel sein könnten. Ich gehöre zu den Freiwilligen und bin auf die Beratung der gemeinsamen Arbeit gespannt.

In den kahlen Raum des Volkshochschulhauses sind im vierten Stock Farben eingekehrt. Sie bestehen aus selbst gebackenen Kuchen, Mädchen-T-Shirts und dem Wahrzeichen der Gruppe, dem Vergissmeinnicht an den Namensschildern, die an uns verteilt werden.

Die jungen Leute im Alter zwischen 19 bis 21 sind erfrischend in ihrem Engagement und ihrer Aufrichtigkeit. Sie stellen sich mit ihren Namen vor. Von den Zeitzeugen sind, scheint mir, nicht alle erschienen, die zugesagt hatten. Es sind drei Frauen, darunter eine Begleiterin. Die Älteste, eine Hamburger Arzttochter, zählt 94 Jahre. Sie berichtet auch gleich, wie ihre Familie geteilt war. In der einen Hälfte sammelten sich die gegen Hitler und die Judenverfolgung von Anfang an Entschiedenen. Die andere Hälfte wurde »von der Hitler-Ideologie aufgefressen«.

Sieben Männer sind gekommen, darunter ein Gewerkschafter, mit dem zusammen ich vor Jahren ein bildungspolitisches Handbuch verfasst habe. Einer ist auf eine Napola (Nationalpolitische Anstalt) gegangen, deren »Elite«-Kader zur SS gehörten; die konkurrierenden Adolf-Hitler-Schulen fielen unter die Aufsicht der NSDAP.

Außerdem sind da noch ein leidenschaftlicher Theatermann, einer mit »Volkssturm«-Erfahrung aus der Verteidigung Berlins, zwei gestandene Zeitzeugen, die nicht viel von sich hermachten, sich vielmehr nüchtern zur Verfügung stellten, und ein ehemaliger Luftwaffenhelfer aus Potsdam.

Sie alle sehen sich als Teil eines letzten Aufgebots dieser Generation und sind gewillt, sich mit ihren offensichtlich sehr unterschiedlichen Kräften an diesem Projekt zu beteiligen.

Zu der Versammlung gehören auch zwei Vorstandsmitglieder der Doris-Wuppermann-Stiftung. Die Initiative hat ihren Sitz in Ratingen (NRW), sie jedoch vertreten die Münchner Niederlassung, die offensichtlich sehr eigenständig arbeitet. Von der Idee her und kommerziell unterstützt sie die Zeitzeugenarbeit des Schülerbüros.

Das Projekt wird uns detailliert dargestellt. Es sieht vor, dass jeweils zwei Zeitzeugen, begleitet von einer(m) Beauftragten aus dem Schülerbüro, am Vormittag für 1 ½ Stunden in eine Schule gehen, die das Angebot aufgegriffen hat. Sie werden Fragen aus der jeweiligen Klasse beantworten. Jedes Treffen wird in einer Geschichtsstunde vorbereitet und in den folgenden Tagen noch von den Lehrkräften und Schülern nachbereitet.

Es summte im Raum vor Eifer in der Sache und Gemeinsamkeit. Junge Stimmen übertreffen die alten.

Bald darauf nahm ich an der ersten Veranstaltung des Schülerbüros teil. Die Mittelschule an der Wittelsbacherstraße ist eine Ganztagsschule mit dem Mittlere-Reife-Zug in der 10. Klasse. Sie steht mit ihren mächtigen Quadern der Isar gegenüber, unweit der Reichenbachbrücke. Die Schülerinnen und Schüler einer 9. Klasse waren 15 bis 18 Jahre alt. Zum ersten Mal seit längerer Zeit betrat ich wieder eine Schule. Ich sah mich im Parterre um und setzte mich auf eine Bank in dem Trakt, wo mittags die warmen Mahlzeiten ausgegeben werden. Da entdeckten mich einige Schüler. Sie hatten mich hinter der Glastür gesehen und erkundigten sich: »Suchen Sie etwas?«

»Ich warte hier ein bisschen, nachher komme ich zum Zeitzeugenunterricht.«

Sie strahlten. »Das sind wir.« Sie sausten los und verständigten ihre Lehrerin. Daraufhin kam auch sie gleich, um mich zu begrüßen. »Wir freuen uns alle auf Sie.« Und sie beschrieb mir, wo ich sie mit den Schülern im zweiten Stock finden würde. Ich ging noch einmal vor die Tür. Da saß auf einer Steinbank die Moderatorin vom Schülerbüro, 19 Jahre alt, angehende Studentin der Zahnmedizin, augenblicklich in einer Ausbildungsstelle für Zahnarzthelferinnen tätig. Frau Schwarz kam dazu, die 94-jährige Zeitzeugin, ich kannte sie von der ersten Vorstellung her.

Als wir oben anlangten, gab es erst einmal ein Gerumpel, weil die Stühle und Tische nach vorn gerückt werden mussten. Ein Lehrer aus einer Parallelklasse bat, dass er mit seiner Gruppe dazukommen dürfe. Dann saßen wir einander gegenüber und betrachteten uns wechselseitig, hier drei und dort dreißig im Alter zwischen 15 bis 18 Jahren. Viele mit Einwandererhintergrund. Ein Sprecher stand auf. »Danke, dass Sie gekommen sind, und uns allen einen guten Verlauf.«

Die Klassenlehrerin, jung, schmal, hoch motiviert, eröffnete die eineinhalb Stunden, die vorgesehen waren. Sie hatte mir auf Anhieb gefallen, und das bestätigte sich bald überzeugend. Die Moderatorin vom Schülerbüro erklärte, wir würden keine Vorträge halten, uns vielmehr nur kurz vorstellen. Dann liege es an allen, was sie mit Fragen aus uns herausholten.

Frau Schwarz begann. Sie hat mich beeindruckt, mit 94 Jahren, aufrecht, geradlinig und beweglich, ohne Hörgeräte alles verstehend, jedes Mal bedacht antwortend. Gleich mit ihrer ersten Schilderung nahm sie die Schüler für sich ein.

»Ich war 14, als Hitler an die Macht kam. Wir hatten eine Lehrerin, die für mich besonders wichtig war. Ich mochte sie sehr. Sie war Jüdin. Eines Tages war sie auf für uns unerklärliche Weise verschwunden. Nach uns lang erscheinender Zeit sollte sie noch einmal an die Schule zurückkehren. Die Direktorin sagte uns: Ihr werdet sehen, sie sieht ganz verändert und elend aus. Aber ihr dürft sie nicht fragen, wo sie war. Sie hat unterschreiben müssen, darüber zu schweigen. Das war die Voraussetzung dafür, dass sie entlassen wurde. Hoffentlich kann sie bei uns bleiben.«

Frau Schwarz machte eine Pause und überlegte, was ihr für den Anfang noch besonders wichtig war. Dann sagte sie: »Der Riss ging in der Hitlerzeit durch die Familien. Mein Vater, ich und ein paar andere konnten sich keinen Augenblick mit der Nazi-Ideologie anfreunden. Die Mehrheit unserer Verwandten war den Beschwörungen Hitlers und seiner Mannen, weil es mit Deutschland scheinbar voranging, total verfallen.«

Ich hatte meine wichtigsten Daten zwischen 1926 und 1945 so aufgereiht: 1932, im letzten Jahr der Weimarer Republik, zur Schule gekommen. Die Uniformen des Hitlerstaats der Reihe nach getragen, Jungvolk, Hitlerjugend, Arbeitsdienst, in den beiden letzten Jahren des Kriegs Soldat bei der Marine. »Meine Eltern hängten keine Nazifahne zum Fenster hinaus, nur die deutschnationalen Farben Schwarz-Weiß-Rot, und als es sein musste, dazu einen winzigen Hakenkreuz-Wimpel. Zu Anfang radelten wir beim

Jungvolk wie Pfadfinder, noch ohne Uniform, aber mit Halstuch und Knoten, zum Wochenende aufs Land, schliefen bei Bauern in Scheunen, sahen im Kegel unserer Stablampen die staubige Luft tanzen und verschlangen eimerweise Vierfruchtmarmelade mit Brot. Von 1936 an war der Dienst bei der HJ gesetzliche Pflicht. Da begriffen wir: Das war schon vormilitärischer Schliff.«

Die Zuhörenden folgten den Fragen ihrer Mitschüler und unseren Antworten, als wäre die Klasse ein aufsaugender Trichter. Wieso denn Hitlers Macht sich so rasch hätte festigen können, wollten mehrere wissen.

»Millionen Arbeitslose wurden beim Weiterbau der Autobahnen eingesetzt«, erklärte ihnen Frau Schwarz. »Man hat sie entlang der Strecke in Baracken untergebracht. Die Autobahnen wurden nicht von Hitler erfunden. Es waren Regierungen der Weimarer Republik, die damit begonnen hatten.«

Und ich ergänzte: »Ich erinnere mich, wie mein Vater eines Abends – wir wohnten damals in Kassel – aus einem Festzelt nach Hause kam und zu meiner Mutter sagte: ›Ein merkwürdiger Mann, dieser Hitler. Aber vielleicht schafft er es wirklich, die Arbeitslosen von der Straße zu bringen.‹«

Ich sah den am nächsten sitzenden Schülern in die Augen und versuchte, allen klarzumachen: »Arbeitslosigkeit damals, das war nicht so wie heute mit Hartz IV, Kindergeld, Wohngeld. 1933 bedeutete das absolute Armut und erbärmlichen Hunger. Es gab Arbeitslose, die klaubten Kartoffelschalen aus Mülleimern in besseren Wohnvierteln, kochten sich daraus einen Sud und waren froh, wenn sie zum Wochenende mit Frau und Kindern Hering mit Pellkartoffeln zu futtern hatten.«

Die Sprecherin ermunterte zu weiteren Fragen. Bald brauchte sie die Schüler nicht mehr aufzufordern. Wie es denn im Krieg für uns gewesen sei, wollten viele hören.

Wieder antwortete Frau Schwarz zuerst. »Zu Anfang kamen nur Siegesmeldungen, die Leute wurden trunken von der Vorstellung, Deutschland könne den Krieg gewinnen. Es gab ein neues Wort. Hitler wurde Gröfaz genannt.«

»Gröfaz?«, fragte einer laut.

»Größter Feldherr aller Zeiten«, verdeutlichte ich. »Auf dem Höhepunkt des Krieges reichten die deutschen Fronten von Nordafrika bis Norwegen, von Kreta über Marseille und die Balkanländer bis kurz vor Moskau. Hitler war eben kein großer Feldherr, sondern nur ein krankhaft selbstbesessener Fantast, der vor allem an den Weltruhm dachte, mit dem er als Sieger dieses Krieges in die Geschichte eingehen wollte. Stattdessen wurde er zum unheilvollen brutalsten Massenmörder der deutschen Geschichte. 6 Millionen Juden, 6 Millionen Polen, 27 Millionen Russen, 5,3 Millionen Deutsche sind in seinem Krieg ums Leben gekommen, insgesamt über 50 Millionen Menschen auf der Welt. Als Hitler in seinem Wahn Ende Juni 1941 den Vernichtungskrieg gegen Russland befahl, wurde daraus der Anfang vom Ende.«

Ich schilderte, wie die Stoßkeile vor Moskau und Leningrad zum Stehen kamen, der Winter einbrach und sibirische Truppen auf Schneeschuhen, von schwerer Artillerie unterstützt, die Front umkehrten. »Deutsche Panzer blieben ohne Benzinnachschub liegen, die meisten Geschütze mussten gesprengt werden. Die deutschen Soldaten besaßen nicht einmal Wintermäntel. Tausende sind elend erfroren. Der Bevölkerung in Deutschland wurde diese erste schwere Niederlage verheimlicht.«

Auf die Frage, wie sie den Krieg als Untergang erlebt habe, berichtete Frau Schwarz vom ersten schweren Luftangriff auf Hamburg. »Die Alliierten hatten Hitler unterschätzt, sie mussten während des Krieges aufrüsten. 1943 hatten Briten und Amerikaner große Bomberflotten zur Verfügung. Ich werde den Flächenbrand und den Feuersturm in Hamburg nie vergessen. Die Alliierten bombardierten eine Woche lang im Hochsommer Bahnhöfe, Rüstungszentren und große Wohngebiete der arbeitenden Bevölkerung. Villenviertel in Vororten blieben verschont. So erging es danach auch allen anderen großen Städten. Es ist unglaublich, was die Überlebenden in den Luftschutzkellern und Bunkern ausgehalten haben.«

Einige Schüler lehnten sich inzwischen über die Tische, aber auch deren Augen blieben aufmerksam. Die Fragen steigerten sich noch, nun drückten sie das Nicht-Begreifen aus, wieso die deutschen Soldaten auch nach Stalingrad, als der Krieg doch offensichtlich verloren war, noch weiter und weiter gehorcht hätten, zweieinhalb Jahre lang.

Darauf erklärten wir Zeitzeugen, das sei nicht aus Mut geschehen, sondern aus Angst, Ratlosigkeit und Verzweiflung. Denn Fahnenflüchtige und Befehlsverweigerer wurden auf der Stelle erschossen oder am nächsten Baum aufgehängt.

Daraufhin wurde ich gefragt, wann ich denn eingesehen hätte, dass mein Gehorsam als Soldat im Grunde unverantwortlich geworden war. Das traf genau auf den Punkt.

»Das geschah am 20. Juli 1944. Da standen wir an Bord des Kreuzers Leipzig, unterwegs in der Ostsee, und hörten den Kapitän über Lautsprecher sagen, eine kleine gewissenlose Schar von Offizieren habe ein Attentat auf den Führer versucht, der Führer und Oberste Befehlshaber sei jedoch wie durch Eingriff der Vorsehung gerettet. Da konnte ich nicht an mich halten, und es platzte mitten unter den Kameraden aus mir heraus: ›Die haben bestimmt das Beste für Deutschland gewollt.‹

Ich wurde denunziert. Der Erste Offizier befahl mich zu sich und schrie mich an: ›Sie Vollidiot. Es gibt vielleicht manchen, der denkt wie Sie. Aber wenn Sie nicht den Mund halten können, reden Sie sich um Kopf und Kragen.‹ Er ließ mich einen Strafdienst machen. So ist es mir später auf der Kriegsschule noch einmal, nur schwerer ergangen, ich wurde degradiert und kam in den Knast.«

Frau Schwarz erinnerte die Schüler an Oberst Stauffenberg. »Von ihm habt ihr doch bestimmt im Unterricht gehört. Er war die führende Figur des Widerstands und hatte Zugang zu Hitler in dessen Hauptquartier. Er glaubte, die Sprengladung, die er nah bei ihm unter dem Tisch platziert hatte, habe den Diktator getötet. Diese Meldung gab er nach Berlin. Als der Irrtum sich herausstellte, brach der Widerstand zusammen.«

»Stauffenberg und zwei andere wurden noch am selben Abend standrechtlich erschossen«, ergänzte ich, »damit die Geheime Staatspolizei sie nicht in die Hände bekam – wie später fast alle anderen sogenannten Verschwörer, die in Plötzensee grausam an Drahtseilen gehenkt wurden.«

Eines ergab sich aus dem anderen. Die Moderatorin erteilte Frau Schwarz wieder das Wort. Wie verlogen das Regime gewesen sei, fügte meine Kollegin hinzu, könne man am Beispiel Rommels erkennen. Der Generalfeldmarschall sei der beliebteste Heerführer der Deutschen gewesen. Als sich herausstellte, dass er über die Absichten des Widerstandskreises informiert, wenn auch nicht direkt beteiligt war, ordnete Hitler persönlich an, dass Rommel sich umbringen musste. Dennoch wurde, als wäre nichts Böses geschehen, ein Staatsbegräbnis für ihn inszeniert.

Das brachte Schüler auf die Idee nachzufragen, wie man in der Bundesrepublik mit verantwortlichen Nazis umgegangen sei. Es war nicht mehr viel Zeit. Darum ließen wir den Nürnberger Prozess unberücksichtigt und berichteten aus der Ära Konrad Adenauers. Der langjährige erste Kanzler der westdeutschen Bundesrepublik hatte die Überzeugung praktiziert, dass Nazis durchaus in seine Regierung einzubeziehen seien.

»Zum Beispiel machte er Hans Globke, der unter Hitler Miturheber der Gesetze zur Judenvernichtung war, zum Chef des Kanzleramts. Tausende, die der Diktatur als Nazis willfährig gewesen waren, wurden in hohe Positionen der Verwaltung, Justiz, regionalen Behörden des neuen Staates übernommen. Da wurde wahrhaftig kein Ruhmesblatt der Nachkriegsgeschichte aufgeschlagen. Aber Adenauer war Realist. Wenn der Bundesrepublik Wohlstand gelänge, dachte er, würde sich in Deutschland, einschließlich der ehemaligen Nazis, eine Art von Demokratie einbürgern, – sie war ohnehin keine deutsche Erfindung.«

Die Moderatorin schloss das Gespräch mit einem Dank an die Schüler ab. Die Klassenlehrerin erhob sich und erklärte, sie habe an dieser Schule noch nie so viele Schüler so ruhig und aufmerksam erlebt. Der Versuch dieses Zeitzeugengesprächs sei voll gelungen. Es folgte der Klassensprecher, er verbeugte sich und dankte uns ebenfalls. Schülerinnen übergaben Frau Schwarz und mir je eine Flasche Wein und Pralinen. Alles löste sich in einem tosenden Wohlgefallen auf.

Reisen – alle Jahre wieder

Immer wieder ermutigen die Direktorinnen und Leiter der Augustina die Bewohner: »Reisen Sie, nutzen Sie Ihre Zeit, in der Sie noch beweglich sind, sich ein oder mehrere Male im Jahr reisend neue Erlebnisse zu verschaffen: Besuchen Sie für Sie vertraute oder auch für sie neue Orte. Wechselnde Eindrücke, andere Menschen, andere Mahlzeiten und wanderndes Ausschreiten werden Ihnen guttun, und erfrischt werden Sie heimkommen in Ihre Behausung im Wohnstift.«

Tatsächlich reisen viele unserer Mitbewohner wenigstens einmal im Jahr auf ihren bewährten Strecken, manchmal schweifen sie sogar weit in die Ferne. So flog Frau Anita Schröder, als sie 90 Jahre alt war, noch einmal für drei Wochen nach Tarent. Sie wurde von ihrem Sohn abgeholt. Er lebt ständig auf der Peninsula am Golf von Taranto (im Hacken des Stiefels). Als sie wiederkam, fragten wir sie gemeinsam im Englischkurs, wie es gewesen sei. »Schön«, sagte sie schlüssig. »Natürlich konnte mein Sohn sich nicht immerzu um mich kümmern. Er hatte schließlich seinen Beruf. So war ich oft allein. Aber das bin ich hier ja auch.«

Geisingers, das Gärtnerpaar, fahren im Frühjahr regelmäßig zur Kur nach Bad Griesbach, unweit von Passau. Das hat ihnen einmal wohlgetan, und sie machen daraus eine Tradition. Sie genießen die Thermen des Solbads, unternehmen Wanderungen und Ausflüge, so in die hochwassergeplagte Drei-Flüsse-Stadt. Wenn sie nach zwei, drei Wochen wieder an ihrem Mittagstisch im Augustinum sitzen, sehen sie erholt und zufrieden aus.

Viola Vancura, die geborene Tschechin, flog eines Tages nach Prag, um die seltsame Trennung zu überwinden, die sie immer noch mit ihrer Verwandtschaft und Freundinnen dort verband. Sie kam bei einer ehemaligen Mitschülerin unter. Die beiden erzählten einander wohl an langen Abenden, was sie in Ost und West zu Zeiten des Kalten Krieges und danach erlebten. Ihr wurde noch einmal klar, wie sehr sie den besseren Teil gewählt hatte, aber auch, dass sie dort wie hier nur Gast war und nirgends mehr im strengen Sinn eine Heimat besaß. So wurde es eine Reise in eine versunkene Vergangenheit.

Je älter wir werden, umso mehr verlieren wir alle den Atemboden unserer Kindheit unter unseren geistigen Flügeln, und wir können von der Erinnerung an unsere ersten kleinen und tapferen Schritte in die Welt hinein nur noch träumen.

Erika Wieland flog nach Oslo, um in einer von der Hauptstadt nicht weit entfernten Kleinstadt die Familie ihrer Tochter zu besuchen. Sie hatte vorher eifrig Norwegisch geübt, um mit ihrem Schwiegersohn und den Enkelkindern in deren Muttersprache reden und sie verstehen zu können. Es war für sie nicht die erste Einkehr in dieser anderen Welt. Sie berichtete uns stolz, es sei ihr »hin und wieder ganz gut gelungen«.

Unsere Tischnachbarn zur Mittagszeit, das Ehepaar Eckert, sind zur selben Zeit wie wir hier eingezogen. Dadurch gab es zwischen uns Gemeinsamkeiten des Anfangs. Wenn sie wieder einmal ein paar Tage nicht da waren, sagen sie hernach: »Wir waren bei die Kinder.« Ziemlich oft trafen wir einander auf einem gemeinsam bevorzugten Weg durchs Grüne. Als das wieder einmal geschah, sagte ich zu ihnen im Scherz: »Wir treffen uns immer wieder auf dem Eckert-Weg.« Sie staunten, reagierten aber schlagfertig: »So? An Weg ham mer scho«, antwortete er, »jetzt brauch ma bloß no a Schuidl.«

Immer wieder beobachten wir, dass Einzelne oder Paare für eine Zeit aus dem Augustinum verschwinden und mit belebten Gesichtern wiederkehren. Mit jedem Jahr des Älterwerdens wächst die Endgültigkeit und wendet sich entschiedener dem Ziel unseres Hierseins zu: dem Lebensende. Darum rankt sich kein Pathos, vielmehr nüchterne Einsicht. Manche Reisen gewinnen dadurch eine spirituelle Dimension.

Auch Marlen und ich haben uns entschlossen, bevor wir unser drittes Augustinum-Jahr erreichen, noch einmal mit der *Bayrischen Oberlandbahn* nach Bayrischzell zu fahren und auf dem »Tannerhof« zwei Wochen mit einzelnen Anwendungen (Bädern und Massagen) zu verbringen.

Der »Tannerhof« ist Zeitzeuge einer hundertachtjährigen Tradition, inzwischen mit modernem Gepräge. Im Laufe von mehr als drei Jahrzehnten sind wir an die fünfzehn Mal dort gewesen. Gegründet wurde der »Tannerhof« 1905 in einer Ära umfassender Erneuerungen durch eine Natur- und Jugendbewegung von Dr. med. Christian von Mengershausen. Es geschah auf Anregung seines Freundes, des Schriftstellers, Philosophen und Theologen Johannes Müller, der als »Müller/Elmau« Berühmtheit erlangt hat. Oberhalb des Dorfes Klais hatte er 1904 eine Unterkunft für Erholungsuchende eröffnet und es sogar fertiggebracht, dort während des Ersten Weltkriegs das groß angelegte Schloss Elmau zu errichten. Es wurde ein Musentempel und ein nobler Erholungsort für ein anspruchsvolles Publikum.

Der »Tannerhof« war und blieb vergleichsweise einfacher. In ihm trafen sich Künstler und Intellektuelle, Professoren von Geisteswissenschaften, Architekten, Einzelgänger und viele selbstständige Frauen. Unsere Ärztin war lange Zeit Andrea von Mengershausen, eine Enkelin des Gründers.

Mitte Mai sind wir aufgebrochen. Wir hatten uns zwei Zimmer im Anbau »Neue Tann« gegenüber dem Hauptgebäude »Alte Tann« ausgesucht. Sie lagen nebeneinander, leider ohne Verbindungstür, wie wir es von früher her gewohnt waren. Der Fahrer, der uns abholte, hatte sich mit seinem Namen Gruber vorgestellt. Auf meine Frage, was er alles mache – ich schätzte ihn um die dreißig –, erwiderte er: »Alle Fahrten und fast jedes Handwerk. Eigentlich bin ich gelernter Bäcker.« Auch eine Vorwarnung sprach er aus: »Gestern früh hat 's noch einmal hingeschnien. Manchmal ist der Mai hier doch noch recht kalt.«

Wir wohnen zu ebener Erde. Nach dem Auspacken – auch der vorausgeschickte Koffer hat sich eingefunden – sitzen wir eine Zeit lang in der kräftig auf unseren Vorplatz hereinfallenden Sonne. Anschließend erkunden wir die uns vertrauten Wege wieder und lernen viele neu gebaute Zugänge, Lifte und verlegte Zentren kennen, so den großen Kaminraum an der neuen, sich lang hinziehenden Orangerie. Zum Abendessen gibt es Zander-Filet. Der neue Koch ist offensichtlich auch ein Maler der Anrichtekunst.

Am nächsten Morgen Termin bei Dr. Burgi von Mengershausen. Sie begrüßt mich altvertraut, untersucht mich und fängt auch gleich an, von den gewaltigen Problemen zu berichten, die sie und ihr Mann, der Internist Roger Brandes, auf sich genommen haben, um den Tannerhof zu erhalten.

»Es gab immense Auflagen für die Fördermittel, die wir vom Landratsamt Miesbach und der Gemeinde Bayrischzell benötigten – außerdem haben Freunde eine Stiftung eingerichtet, die uns auch weiterhilft. Die alte Küche musste herausgerissen und durch eine komplett neue Einrichtung an anderer Stelle ersetzt werden. Wir sind aus der Risikozone noch lange nicht raus. Wenn wir vorher gewusst hätten, was alles aus dieser Grunderneuerung hervorgeht, ich weiß nicht, ob wir uns dem ausgesetzt hätten.«

»Aber einmal angefangen, gab es gewiss kein Zurück.«

Am Nachmittag gehen wir bei leuchtendem Wetter den Fußweg durch den Wald zur Straße nach Österreich. Wir erlahmen schneller, ruhen aus auf einer Bank und kehren um. Als wir wieder oben ankommen, fährt ein Bauer Mist auf seine Wiese. Auf dem Tannerhof holt Gruber Kaminholz mit dem Trecker, er stapelt es im Freien unter der Dachschräge. Auch alle landwirtschaftliche und handwerkliche Arbeit am Ort beruht auf einer fortgesetzten Wiederholung. Die Menschen hier kennen es nicht anders.

Das Wetter ist bisher besser als sein Bericht. Täglich gehe ich nun wieder vormittags ins Dorf hinunter und blicke dabei auf den Wendelstein, er ragt vor mir auf wie ein vorsintflutlicher Mammutzahn. Die Straße erscheint mir viel abschüssiger als früher. Manchmal schreite ich auch auf dem Feldweg aus zwischen hoch gewachsenem Gras voller Butterblumen, Pusteblumen, Schafgarben und Fließen von Vergissmeinnicht. Fliederbüsche blühen in voller Pracht. Wenn ich den Waldweg wähle, finde ich am Wegrand Taubnesseln und haufenweise wilden Rhabarber, von Schnecken zerfressen.

Im Mehrzweckladen hole ich mir die *Süddeutsche* und breite sie im Lesesaal des Kulturhauses aus, in unseren kleinen Zimmern droben gibt es dafür keinen Platz. Nach der Lektüre wandere ich, oft mit Einkäufen, auf der gemächlicheren Steige der anderen Talseite wieder hinauf. In den Gärten sprießt und grünt es. Auf den Weiden grasen Kühe mit prallen Eutern.

Die Gemeinde Bayrischzell hat das Freibad kalendergerecht geöffnet, aber das Wasser ist noch zu kalt, nur ganz wenige Schwimmer wagen sich in die Becken und steigen bald frierend wieder heraus. – Die Rosenkapelle wird 100 Jahre alt und neu geweiht. Das Dorf ist in dem Dreieck zwischen Wendelstein, großem Thraiten und Seeberg angesiedelt. Die Bevölkerung scheint noch eng mit der Kirche verbunden zu sein. Namen wie Theodora und Gottfried sind selbstverständlich. Die Teilnahme am Gottesdienst ist praktisch Pflicht, und doch sind die Leute nicht mehr ganz so fromm wie einst.

Die Gästezahl im Tannerhof vermehrt sich nach und nach. Viele junge Leute, darunter auch Paare, platzen mit einem erfrischenden »Hi« herein und verschwinden bald wieder mit »Tschüss«.

Gegen Abend lesen wir viel, Geschichtliches und Romane aus der reichhaltigen Bibliothek. Manche Bücher durchblättere ich wie welkes Laub. Oder wir spielen Streit-Patience. Wichtiger werden uns die Gespräche mit anderen Gästen.

Das blumengeschmückte Gras vor unseren Zimmern ist nun einen halben Meter hoch. Alles duftet in diesem unnachahmlichen Berg-und-Tal-Gemisch. Wir genießen unsere Tage. Es gibt viel Abwechslung. Im Restaurant preist uns die Serviererin beim Frühstück zum Samstag das Fünf-Gänge-Menu an. Mittags gibt es normalerweise eine sämige Suppe und Brot, um es hineinzubrocken. Die Hauptmahlzeit ist immer abends, für uns ungewohnt spät, sie zieht sich bis gegen 21 Uhr hin.

Gestern wurde es ein überraschender Abend, weil ein junges Paar bei uns Platz gefunden hat. Beide hochgradig intelligent. Er Architekturdozent, sie Philosophiedozentin. Sie erzählen davon, wie schwer es für Universitätswissenschaftler heute ist, irgendwo eine Anwartschaft auf eine Professur zu erringen. Sie fährt jeweils für drei Tage nach Stuttgart, weil sie nur dort einen (befristeten) Lehrauftrag erhalten hat. Da haben sich zwei im Äußeren sehr Gleichartige zusammengetan, beide Brillenträger, dunkelhaarig; ich werde ihre Namen hier nicht nennen. Er groß und beinahe hager, sie dunkel und schlank. Beide ausgezeichnet durch eine Kultur der Freundlichkeit und die Fähigkeit, genau zuzuhören. Sie gefallen uns immer besser.

Unsere vertraute Tischnachbarin, Frau Folle, taut unter den Fragen der jungen Leute sichtlich auf. Plötzlich enthüllt sie ihre Vergangenheit als promovierte Pharmawissenschaftlerin. Sie hatte uns bisher, wenn sie zu Tisch kam, nur freundlich gegrüßt und meistens geschwiegen.

Am Pfingstsonntag findet ein Kurkonzert statt. Ein grauschwerer Wolkenhimmel. Die Außentemperatur beträgt am Morgen 10 Grad. Wir sind früh aufgebrochen, ich mit Nordic-Walking-Stöcken. Unter den mächtigen Ahornstämmen hüpfen Spatzen Jahrgang 13, sie sind federleicht und fliegen, als wir nahen, pfeilschnell auf entfernte Äste.

Das Konzert beginnt am mittleren Vormittag: ein Blechgeschmetter, an die dreißig Bläser aller Art, Ziehharmonikas, Flöten, Pauken kunstvoll dirigiert von einem Konzertmeister, der nicht nur seine Kapelle fachgerecht beherrscht, sondern auch in den Pausen und beim Notenwechsel regionale Sprüche auf das Publikum loslässt.

Blühende Goldregenbäume und kerngesunde Kastanienkerzen umgeben uns, üppiger lila Flieder. So kraftvoll haben wir die Natur früher hier noch nicht erlebt. Das wird für uns beide, die langsam ausschreiten, der unvergessliche Eindruck bleiben.

Die Wolken halten dicht. Zwei Mädchen im Dirndl, acht, neun Jahre alt, flechten derweil Blumenkränze, für die sie tanzenden Schrittes im Rhythmus der Musik auf den Matten hinter der Konzerthalle immer neue gelbe Wiesenblüten pflücken. Ein kleiner Bub in Tracht mit Berglerhut vergnügt sich ganz für sich allein, indem er seine eigene Blütenlese auf einem Gemäuer zusammenträgt. Die Reihen der Zuhörenden sind gut besetzt, sie sparen nicht mit Beifall. Wir halten bis zum Ende durch.

Die jungen Wissenschaftler, die viel Regen aushalten mussten, reisen begleitet von einem Bündel Sonnenstrahlen ab nach München. Zum Abschied erfahren wir: Sie haben hier die Vollendung und Abgabe seiner Doktorarbeit gefeiert.

Dieser Aufenthalt auf dem Tannerhof wird für uns wohl der letzte gewesen sein. Es hat sich in unseren Augen zu viel in Richtung einer Wellness-Station verändert, wenn wir die wirtschaftliche Notwendigkeit dazu auch einsehen.

Marlen geht oft zum Schwimmen. Ich war noch nie so ein Wassermensch wie meine Frau. Vor allem ist mir das

Wasser im Schwimmbad zu stark gechlort. Der Ausblick durch die Glasfront ist aber sehr schön, und unter der Dusche, beim Haarwaschen, habe ich geschwelgt.

Da ich bei der Halbpension nicht immer satt werde, gehe ich manchmal nach der Mittagsruhe hinunter – öfter auch mit Marlen – und wir leisten uns im Café Huber Sahnetorte und eine Tasse Kaffee oder ein Glas Tee.

Während der letzten Tage unseres Aufenthalts wird es immer kälter, der Regen wirkt eisig. Die Bäche rauschen. Schließlich schneit es. So haben wir uns diesen Urlaub hier nicht vorgestellt. Der Wendelstein und andere hohe Berge bleiben bis zu etwa 1000 Meter herunter dick in Weiß gehüllt. Ganz oben sind die Gipfel jetzt immer von Wolkenschwaden umzogen. In unseren Zimmern drehen wir die Heizungen auf und nehmen unsere Bücher mit einem Kissen auf den Schoß – eine altbeliebte Lesestellung.

Die Zahl der Gäste ist wieder geschrumpft. Die jungen Mitarbeiterinnen des Tannerhofs von heute kennen die Tradition meist nur vom Hörensagen. Wir sind Zeuge dieses zeitgemäßen Wandels, der uns ausschließt. Und so geschieht es, dass wir uns nach dem Augustinum sehnen.

Am nächsten Morgen wieder mehr Eis und Schnee als Grün. Wir bereiten unsere Abreise vor. Zum letzten Mal hole ich die Zeitung aus dem Ort, und ich bezahle die Gesamtrechnung.

Wir zwei packen gemeinsam den großen Koffer, er wird morgen Vormittag abgeholt. Am Nachmittag gehen wir noch einmal den Weg an den Tennisplätzen vorüber mit dem weiten schönen Blick in das Geitauer und Osterhofener Tal.

Es ist alles getan. Nach Tisch werden wir mit unseren restlichen Sachen zum Bahnhof gebracht. Es ist, als wolle die Sonne uns auslachen: der erste warme Vorsommertag seit Langem. Die Sonne spaziert mit uns, mal auf der einen, mal auf der anderen Seite: Schliersee, Miesbach, Holzkirchen, München Hauptbahnhof.

Gegen 17 Uhr treffen wir im Augustinum ein.

»Schön, dass Sie wieder da sind«, ruft uns Frau Brandt aus der Anmeldung zu.

Droben reißen wir die Fenster auf. Wie gut wir es hier mit einanderhaben.

Fahrt nach Meersburg

Die Einladung war schon Mitte Mai ergangen, während wir uns auf dem Tannerhof befanden. Als wir wiederkamen, sah ich mir am Empfang die Liste der Teilnehmenden an. Bei mir war *Lesung* vermerkt. Damit war klargestellt, das war von der Direktion als ein Dank gemeint für meine *Bücherstunden*, besonders für die jüngste *Buchvorstellung*. Auf der Fahrt nach Meersburg wurde ich bei einzelnen Aufenthalten darauf angesprochen. Unmittelbar nach dem Vortrag hatte es nicht viele Fragen gegeben. Nun hatte diese Nachmittagsstunde offenbar doch eine gewisse Tiefenwirkung hervorgerufen.

In der dicht besetzten Bibliothek hatte ich, moderiert von der Kulturreferentin Gisela Wolf, vor Kurzem meinen Roman *Fernwanderweg* vorgestellt, er war gleichzeitig im Wochenprogramm als »Buch des Monats« angezeigt worden. Ich hatte mich genau vorbereitet und begann:

»Liebe Mitbewohnerinnen und Mitbewohner, es gibt Zahlen, deren Ausmaß und Bedeutung für das Leben unzähliger Menschen kaum vorstellbar sind. Dazu gehört für mich die Mitteilung der Deutschen Hauptstelle für Suchtfragen, dass es in der Bundesrepublik 8 Millionen Angehörige von Suchtkranken gibt. Die Hauptgefahren für den Menschen liegen in der Nikotinsucht, der Alkoholsucht, Drogen aller Art und der Medikamentensucht. *Fernwanderweg,* das ist der lange Weg in die Sucht und – wenn es gelingt – der lange Weg durch Entzug und Entwöhnung in die Freiheit.«

Das Unternehmen Meersburg war eine Dankeinladung unserer Stiftsleitung an die »Ehrenamtlichen«, also aktiv im Augustinum Mitarbeitende und Bewohnerinnen, die sich im Beirat oder bei anderen Einrichtungen um das gemeinsame Ganze bemühen. Wir, eine Zahl um die dreißig, versammelten uns an einem Montag im Juni morgens zur Abfahrt am Nordausgang. Die gastgebende Stiftsleitung, Frau Elke Schmidt, Sekretärin Ingrid Geigenberger, Elfriede Schillhuber (Leiterin des Bewohnerservice) sorgten unterwegs, ausgestattet mit Getränken, Gebäck und Süßigkeiten, für Unterhaltung und Stärkung.

Der Fahrer Peter Filser stellte sich per Mikro als geborener Münchner und selbstständiger Teilhaber des Bus-Unternehmens vor. Er blieb den ganzen Tag verlässlich konzentriert bei seiner Aufgabe. Das war besonders nötig; denn während der rund achtstündigen Reise hin und zurück strömte der Regen fast ununterbrochen über Dach und Fenster.

Ich war auf meinem Zweiersitz allein geblieben, und das war mir recht, weil ich mir Notizen machen wollte. Eine Unterbrechung wurde beide Male in einer Lkw-Raststätte unweit von Bad Wörishofen eingelegt.

Nur an unserem Zielort Meersburg, wo wir reichlich verspätet eintrafen, riss der Himmel auf. Von der Höhe über der mittelalterlichen Stadt mit ihren 6000 Einwohnern, deren Zahl sich im Sommer durch Gäste verdreifacht, sahen wir das Panorama aus See, Sentis und Schweizer Bergketten.

Das Augustinum dort ist in riesigen Ausmaßen auf einem Plateau in vier Gebäudekomplexen mit Überdachungen angelegt, das Nashorn wie überall vor dem Haupteingang, Stiftsdirektor Thomas Götze begrüßte uns in der Halle und lud uns erst einmal zum Essen. Im April 2013 hatte die Eröffnungszeremonie stattgefunden. Seitdem sind 100 Bewohner eingezogen, womit man zufrieden ist. Ausgelegt sind die Häuser auf 320 Insassen. Das hofft man in etwa einem Jahr zu erreichen. Als Musterappartements wurden uns 2 Zimmer mit 77 Quadratmetern und 3 Zimmer mit 80 bis 130 Quadratmetern gezeigt, sehr nobel eingerichtet.

Es gibt keine feste Pfarrstelle, eine evangelische Gemeindepfarrerin aus der Umgebung betreut die kleine Kapelle mit, die mit nur etwa 30 Plätzen ziemlich versteckt liegt. Die Preise insgesamt sind mit denen in unserem Augustinum und anderen zu vergleichen.

Nach und nach will man die wesentlichen Einrichtungen in Angriff nehmen, die zu jedem Augustinum gehören: Theatersaal, Physiotherapie, Schwimmbad, Pflegedienste, Treffpunkt, Arztpraxen, Ladenpassage mit Lebensmittelladen und Bank. Auf der dem See abgewandten Seite schließt sich der Abhang eines Weinbergs an. Den Verkehr zum See hinunter und wieder hinauf regelt ein kommunaler Linienbus. Die Universitätsstadt Konstanz ist mit der Fähre in dreißig Minuten zu erreichen.

Nach einer Freizeitpause, in der ich mich in den Fluren unter den schon bezogenen Wohnungen umsah, brachte der Bus uns zur alten Meersburg der Annette von Droste-Hülshoff, und wir kehrten in einem nahen Café ein.

Dort wurde ich gefragt, wann ich denn zum ersten Mal in Meersburg gewesen sei. Antwort: »1950 im Mai.« Marlen und ich fuhren von Stuttgart aus mit Fahrrädern durch den Schwarzwald nach Freiburg zu Verwandten und von dort über den Feldberg hinunter an den Bodensee. Es war das Frühjahr, in dem gerade der Tourismus wieder ein wenig begann. Ein Haus mit Balkon direkt am See gefiel uns besonders gut, also klingelten wir da. Die Wirtin sah uns an. »Kommt herein«, sagte sie, »ihr seht mir aus wie Hochzeiter.«

»Sind wir auch.«

»Ihr seid meine ersten Gäste. Sollt's gut bei mir haben.«

Eine Woche, solange unser Geld reichte, verbrachten wir da eine herrliche Zeit, und dann noch eine Nacht in der Jugendherberge, wo wir getrennt schlafen mussten. Die Räder gaben wir dann auf und trampten nach Stuttgart.

In der Alexanderstraße nahe dem Olgaeck bewohnten wir ein Zimmer in Untermiete mit einem amerikanischen Feldbett für Marlen und ein paar zusammengelegten Decken für mich. Im Juni traf als Geschenk von Marlens Eltern eine Doppelcouch zum Ausziehen mit Bettkasten bei uns ein. Von da an hatten wir ein Ehebett und später einen Wäschekorb für unseren Erstgeborenen: Andreas. So viel der Erinnerung.

Die Rückfahrt verbrachte ich versonnen, allein auf meinem Sitz. Die Reise verlief so schäumend, dass ich mich beinahe wie in einem U-Boot fühlte, und sie wurde mir lang. Ich ließ den Tag Revue passieren. Soweit ich es von anderen erfahren hatte, erging es den meisten wohl wie mir. Niemand mochte seinen Platz in unserem Augustinum, wie lange die Einzelnen auch immer dazugehörten, mit der prachtvoll neuen, aber vornehm kühlen Unterkunft im Augustinum Meersburg tauschen. Dort sah man Herren in feinen Anzügen mit Schlips und Kragen und Damen in langen Kleidern ausschreiten. Unsere Stiftsdirektorin Elke Schmidt setzte noch eins drauf, indem sie uns per Mikrofon versicherte, ihr sei es auch weit lieber dort, wo sie zuständig war. Natürlich antwortete ihr daraufhin ein allgemeiner Applaus.

Und der Tag neigt sich zur Nacht

Kalten Regen und Schnee auf den Wiesen hatten wir im Mai auf dem Tannerhof ohne Erkältung überstanden. Als dann aber im Juni Wärme und Kälte noch extrem wechselten, zogen wir beide uns eine schwere Bronchitis zu, und wir spürten wieder einmal: Das ist eine regelrechte Krankheit. Sie hielt uns zwei, drei Wochen in Atem, und unsere Ärztin im Haus behandelte sie mit einem Antibiotikum.

Zumal ich war immer ein Aspirant für krächzende Bronchitis. Ich unternehme darum alles, was ich nur tun kann, um sie von mir fernzuhalten. So war ich fast etwas stolz, weil mir das in den letzten beiden Jahren geglückt war. Nun aber fühlte ich mich wie zugeklebt, hatte den Spucknapf am Bett. Zwei weitere Kissen stopfte ich mir unter den Kopf und setzte mich nachts immer wieder auf, um Luft zu schöpfen.

Wir ahnten nicht, was noch auf uns zukommen sollte. Später sahen wir diesen Einbruch in unsere Gesundheit als Vorboten an. Denn während unseres dritten Sommers im Augustinum überfielen uns Geschehnisse, die in unser Leben einschnitten. Auf einmal waren wir nicht mehr das Paar, das festen Schrittes das Hügelland des Feldmochinger Sees mit seinen sattgrünen Wiesen und prachtvollen Baumgruppen umrundete. Wie hatten uns die Feuer der Grillgeräte bayerischer und türkischer Familien gefallen, die sich gutnachbarlich und friedfertig an ihren Rindfleischspießen, Bratwürsten und Lammfleisch oder Schmankerln, Steckerlfisch und Scampi erfreuten.

Mitte Juli begann jäh der hohe Sommer. Scheinbar endlose Wochen lang wölbte sich ein hellblauer Himmelsdom über München. Heiß und trocken glommen die Tage über Mensch, Tier und Natur dahin, bis der Rasen gilbte und jeder Luftzug Staub aufwirbelte. Auch in den Nächten herrschten subtropische Temperaturen in unseren Räumen. Wir lagen bloß und atmeten flach. Als dann das Himmelsfeuerwerk das Dunkel zersprengte und Regen stundenlang herabprasselte, richteten wir uns am folgenden Morgen auf, wie die Gräser im Park.

Eines Nachts, während ich nur hauchdünn schlief, hörte ich, wie Marlen aus dem Bad mit schwacher Stimme nach mir rief. Da saß sie und konnte allein nicht mehr aufstehen. Ich zog sie hoch, und sie klammerte sich an meine rechte Seite. Auf dem Weg durch mein Zimmer sackte sie in meinen Armen zusammen. Ich konnte sie nicht mehr halten. Sie lag ausgestreckt auf dem Teppich und verlor das Bewusstsein. Ich kauerte mich hinter sie, nahm ihren Kopf auf meine Knie und sagte laut ihren Namen.

Nach einigen Minuten kam sie wieder zu sich und drehte sich um, aus eigener Kraft. Wie ein Kind krabbelte sie auf allen vieren über die Schwelle in ihren Raum hinüber, und ich half ihr ins Bett. Sie streckte sich aus, und ich saß eine Weile auf dem Hocker bei ihr. Bis sie sagte: »Nun ist es gut. Jetzt kannst du dich auch wieder hinlegen.«

Seitdem horchen wir nachts aufmerksamer auf den anderen und achten tagsüber wechselseitig darauf, wie wir ermüden. Wenn wir uns plötzlich vom Bett erheben oder von einer Bank aufstehen, spüren wir beide leichte Gleichgewichtsstörungen. Wir achten mehr auf die wechselseitige Gesichtsfarbe. Das alles ohne übertriebene Sorge, einfach hilfsbereit.

Meine Frau hat, denke ich, eine Aortenstenose – wie ich auch. Sie könnte sich operieren lassen. Es wäre wohl möglich, die verengten Bahnen im Herzen zu entkalken und zu erweitern. Ich kombiniere das aufgrund des ärztlichen Rats zu meinem eigenen Befund. Marlen hat mir nach der Untersuchung durch unsere Ärztin nichts weiter erklärt. Das entspricht ihrem Charakter. Mehr als einmal hat sie mir und auch Freundinnen gegenüber geäußert, sie habe lange genug gelebt. Dazu fällt mir immer wieder der Satz meiner Mutter ein: »Es stirbt sich nicht so rasch.«

Außerdem hat Marlens Augenärztin festgestellt, dass sich bei ihr auf dem linken Auge, wie bei mir schon vor einigen Jahren, eine feuchte Makula-Degeneration entwickelt hat; sie wird nun mit Injektionen behandelt. Das sind unsere parallelen Alterserfahrungen.

Zurück zu vergleichsweise simplen Ereignissen. Dazu gehört ein Wechsel von Teilen der Tischordnung im Speisesaal. Mehr als zwei Jahre lang haben wir mittags allein an unserem Vierertisch gesessen. Das entsprach unserem Wunsch, weil wir die Mahlzeiten gern schweigend einnehmen. Neuerdings, völlig unvorbereitet in diesem Sommer 2013, wurde in unserer Sitzreihe ein Tisch eingespart. Auf einmal haben wir eine zweifache weibliche Gesellschaft. Das bedeutet das Ende unserer Ruhe. Wir werden mancherlei gefragt, antworten und erfahren Neues aus anderen Lebensläufen und Denkweisen. Mag sein, das hat auch sein Gutes. Dennoch fühlen wir uns überrumpelt.

Unsere Stiftsdirektorin Elke Schmidt und Elfriede Schillhuber, die Leiterin des Bewohnerservice, halten viel von

Geselligkeit. Immer wieder bringen sie Bewohnerinnen und Bewohner, die dafür einen Sinn haben, bei festlich gestalteten Anlässen zusammen. Beispiele: Sommerfest, Biergarten, Jazzfrühschoppen mit vielseitigen Instrumentalisten (Tuba, Akkordeon, Trompete, Flügelhorn, Gitarre, Banjo, Steel Gitarre).

Das Sommerfest haben wir mitgemacht und uns dazu mit unseren Freunden Ilsabel und Helmut Lehnacker verabredet. Auf den Rasenflächen vor dem Haupteingang waren große Schirme aufgespannt, die auch leichten Regen abfangen konnten. Wir schauten besorgt zu den Wolken auf, aber es tröpfelte nicht, später brach sogar die Sonne durch. Es gab Bratwürste, Weißwürste mit scharfem oder süßem Senf, Fleischstücke an Spießen, Gulasch, Kartoffelsalat und viele andere Salate. Es bildeten sich Schlangen der Feiernden, die sich ihr Essen holten. Wie immer bei solchen Gelegenheiten wurde hauptsächlich Bier getrunken, aber auch Wein war erhältlich. Wir blieben bei Apfelschorle.

Mit unseren Freunden erzählten wir uns Erlebnisse, die wir noch nicht voneinander kannten. Dabei wurde es lebhaft zwischen uns. Mir fiel ein, etwas von mitmenschlichen Erfahrungen der Politik, besonders aus dem Wahlkreis im Allgäu, zu berichten. Diese Seite der Politik bleibt in den Medien leider fast gänzlich unerwähnt. Genauso wie die Tatsache, dass die Mehrheit der Bundesbürger nicht in Großstädten und Industrievierteln lebt, vielmehr in Dörfern, Kleinstädten und ländlichen Provinzen.

Das Bayerische an diesen Festen ist die gemeinsame Freude am Zusammenhocken, dicht und eng. Die Norddeutschen, die in unser Augustinum einziehen, in der Regel weil

Kinder und Enkel in München oder der Umgebung wohnen, manchmal auch, weil sie sich an schöne Reisen in Bayern erinnern, fremdeln noch eine Zeit lang gegenüber diesem Brauch. Es sind die Gleichen, die noch »Guten Tag« statt »Grüß Gott« sagen und in vielerlei Dingen eine gewisse Zurückhaltung wahren.

Eine Entscheidung ist für mich schwierig, aber notwendig geworden: Zwei Jahre lang habe ich am Montagmorgen an dem Kurs »Englisch für Fortgeschrittene« von Heidrun Hartmann teilgenommen.

Ich war der einzige Mann in dem Kreis, und dabei blieb es meist. Während unserer freien englischen Diskussionen – einige der Frauen waren darin sehr geübt – beschäftigte ich mich in Gedanken damit, ihre Gesichter in ihre Kindheit und Jugend zurückzuversetzen. Ich hätte gar zu gern gewusst, wie sie im Alter von fünf Jahren und mit zwanzig ausgesehen hatten oder wieweit ich mich täuschte. Aber ich konnte sie nicht gut um Fotos aus ihrer Kindheit und Jugend bitten.

Tatsache war: Mir fiel es mit meiner Augenschwäche immer schwerer, die Papiere, die unsere Lehrerin vervielfältigt mitbrachte, in den meist kleinen Schriftgraden zu entziffern. Sie wurden reihum vorgelesen und besprochen. Mein linkes Auge machte da gar nicht mehr mit. Mit ihm sah ich nur noch einen grauschwarzen Doppelkreis, der auf dem Papier tanzte. Auch mit dem rechten Auge konnte ich die klein gedruckten Texte nicht anders als mühsam lesen.

Natürlich wollte ich mich nicht schweigend von den Englischstunden zurückziehen. Ich wusste, dass Frau Hartmann meist früher kam. Sie war Mitte fünfzig, arbeitete freiberuflich an vielerlei Stellen. Noch lieber unterrichtete sie Französisch. Sie sorgte gern für Spaß. Mit Vorliebe las sie uns *jokes* vor, und sie hatte eine *regular table* für Mitglieder ihrer Sprachkurse eingerichtet. Fast immer brachte sie ihre Berner Sennenhündin Mira mit, die war 13, nach volkstümlicher Regel mal 7, also 91. Mira begrüßte einige von uns mit ihrer Schnuppernase, um gestreichelt zu werden, dann legte sie sich schläfrig hinter ihre Herrin.

Unsere Runde bestand aus einer zuverlässigen Kerngruppe, nämlich den Frauen Wieland, Vancura, Schröder und mir, sowie wechselnden Teilnehmerinnen, die manchmal am Rand schon bald wieder abblätterten. Mitunter saßen wir zu fünft beisammen, in der Regel waren es acht, vorübergehend auch mehr. Nachdem ich mich entschieden hatte aufzuhören, ging ich am nächsten Montag eine Viertelstunde vorher hinunter, um Frau Hartmann zu treffen. Ich wusste, dass sie in der Regel zu der Morgenstunde früher erschien. Und richtig, sie war schon da und sortierte gerade Fotokopien. Ich erklärte ihr nicht mehr, als notwendig war, und sie zeigte sofort dafür Verständnis, was mich überraschte.

Vor mir lagen neue Termine zu Augen-OPs und für Nachuntersuchungen. Darauf bezog ich mich: »Das ist jetzt meine unbedingte Priorität.« Täuschte ich mich oder sah sie für sich darin sogar eine gewisse Erleichterung? Ich hatte nicht jederzeit bei allen Aufgaben mitgemacht, sondern manchmal nur schweigend dabeigesessen. Wie auch immer, ich verabschiedete mich auf der Stelle. Das war auch schon alles. Wir gaben einander die Hand. Ich wünschte ihr Gutes und verließ den Raum, ehe die anderen eintrafen.

Zwei Jahre lang hatte ich mich mit der Gruppe gut verstanden. Der Abschied fiel mir darum nicht leicht. Besonders zwei Damen, die mir gegenübersaßen, hatte ich schätzen gelernt. Das waren Erika Wieland, die vielseitige Wohltäterin aus dem Schwarzwald, und Viola Vancura, die Pharmazeutin aus Prag mit ihrem Lebensernst, ihren philosophischen Neigungen und manch körperlichen Plagen, die sie tapfer durchstand.

Es tat mir gut, als Frau Wieland am folgenden Tag beim Mittagessen an unseren Tisch kam und die Worte sagte: »I am very, very sorry.« Sie stand noch einen Augenblick da, sah mich an, nickte meiner Frau betrübt zu, drehte sich um und ging in gerader Haltung, hager wie sie war, zu ihrem entfernt liegenden Platz.

Im Augustinum-Magazin *Forum* (2/2013) fand ich die Besprechung eines Buchs des früheren Werbetexters Uwe Neumann unter dem Titel »Mit sechsundsechzig ins Augustinum«. Das versetzte mir meiner eigenen Arbeit wegen einen Schreck. Allerdings war das Buch von keinem regulären Verlag herausgebracht worden. Vielmehr auf eigene Kosten des Autors als *Book on Demand.* Natürlich habe ich es mir bei der Münchner Autorenbuchhandlung gleich bestellt und, als ich es erhielt, auch sofort gelesen – zu meiner Erleichterung. Es handelt sich um einen Tatsachenbericht. Seit dem Sommer 2007 hat der Autor fast sechs Jahre lang über sein Leben und das Verhalten vieler Mitbewohner im Hamburger Augustinum berichtet. Dieses Wohnstift hat in einem alten Handelshaus und Lagerhaus nach großzügigen Umbauten Platz gefunden, im Inneren vornehm und stattlich. Es ragt weithin sichtbar direkt am Hafen auf.

Uwe Neumann ist unmittelbar nach der Veröffentlichung dieser Hinterlassenschaft im Mai 2013 gestorben. Sein Buch schildert die Grundtatsachen der damals 22 Augustina in der Bundesrepublik. Der Autor fasst darin vor allem die Texte zusammen, die er regelmäßig in seinem Weblog »Neumanns Welt«, einer Art Internet-Tagebuch, veröffentlicht hat. Meist erschienen dort mehrere Beiträge pro Woche: Immer ging es um seine persönlichen Erfahrungen und seine Beobachtungen vieler Mitbewohner in deren Tun und Lassen.

Während ich in Gedanken noch manchmal mit diesem Report umging, veröffentlichte die Süddeutsche Zeitung am 17./18. August 2013 eine wohl einzigartige Liebesgeschichte, die sich vom Anfang bis zu ihrem Ende in den Vereinigten Staaten von Amerika begeben hat: »Les und Helen Brown aus Long Beach wurden am selben Tag geboren. Mit 18 brannten sie durch und heirateten.« Nun waren sie 94-jährig gestorben – im Abstand von gerade mal elf Stunden.

Aus diesem Anlass schreibt die Zeitung über Forschung und Mutmaßungen eines »unterschätzten Phänomens des Seelentods«, der gar nicht so selten sei. »Es gibt Berichte über Zen-Mönche oder Indianer, die sich zum Sterben zurückziehen – und deren Lebensgeister dann tatsächlich schwinden. Der freie Wille ist eher selten im Spiel. Häufiger führt die Überzeugung, das Ende sei gekommen, den Tod herbei.« Und am Ende dieses Artikels heißt es dann, soweit ich mich auf mein Gedächtnis verlassen kann: »Immer mehr zeigt sich, wie stark der Einfluss der Psyche auf den Körper ist. Der ganze Zweig der Psychosomatik beschäftigt sich inzwischen damit, wie sehr der Mensch aus der Seele krank werden kann. Oft auch tödlich krank. – Ihren schwersten körperlichen Krankheiten haben Les und Helen Brown jedenfalls jahrelang getrotzt.«

Für uns sehr Alte könnte das, denke ich, eine befreiende Nachricht sein, wenn sie für unsere Generation und folgende Jahrgangsgruppen Selbsthilfe zum Sterben greifbar werden ließe. Aber so sieht es nicht aus. Auch heute noch müssen sich viele Alte, die sich nichts dringender als den Tod wünschen, mit vielen Krankheitsbildern bis zum bitteren Ende quälen. Wenn das auch in der Regel nicht mehr ganz so grausam vor sich geht wie früher. Damals warteten Hausärzte oft viel zu lange, bis sie schmerzensreichen und aussichtslos Kranken endlich das erlösende Morphium gewährten. Bisher wagt sich die regierende Politik nur an die Förderung palliativer Medizin heran. Das ist eine Ausflucht. Ich glaube, dass Sterbehilfe eines noch fernen Tages auch in Deutschland möglich sein wird, und zwar nicht aus moralischen und religiösen Gründen, sondern aus Ursachen der totalen Staatsüberschuldung. Außerdem weil die Kostenlast für immer mehr Menschen in sehr hohem Alter in Krankenhäusern mit zu wenig Ärzten und Schwestern sowie auf Pflegestationen von Altenheimen von den nachfolgenden Generationen nicht mehr zu bewältigen sein wird. Die Hoffnungen der Alten mit den Erinnerungen aus ihrem langen Leben gehen überwiegend ganz andere Wege. Sie können sich nicht mehr mit einer gemeinsamen Stimme öffentlich verteidigen. Was sie noch besitzen ist die Kraft ihrer allmählich versiegenden persönlichen Einmaligkeit. Jedes Leben ist ein Drama.

Was ich weiß, kann jeder wissen. Mein Herz gehört mir allein. Das schrieb ich mit fünfzehn in mein Tagebuch.

Dies ist der Herbst

Wir holen uns Weintrauben und Clementinen, Pflaumen, Kiwi und Äpfel. Die Fruchtschalen leuchten auf dem Tisch in der Kochnische. Die Sonne steht tief, das Bündel ihrer Strahlen fällt flach herein. Am Nachmittag wird es für ein paar Stunden noch warm. Wir gehen nach Feldmoching und essen Eis im Caférestaurant Cellini: Haselnuss, Stracciatella, Trüffel und Cappuccino. Rings um uns herum Familien aus der Nachbarschaft – die Kinder springen den Eltern voraus zu ihrem Stammplatz und spitzen die Münder mit erwartungsvollen Lippen.

Oder wir wandern um den Fasaneriesee und sitzen am Nordufer eine Weile in der Sonne, schauen den Enten und Schwänen zu und hören das Gemurmel von Anrainern, die vielleicht seit ihrer Schulzeit hierherkommen. Sie gleichen einander mit ihren weißen Haaren, gebeugten Nacken, Gehstöcken, faltigen Gesichtern, und sie freuen sich an den Enkeln, die einige von ihnen mitgebracht haben.

Über den See geht ein Wind, der die Fläche kräuselt. Die Wasserwacht der Lebensrettungsgesellschaft hat schon geschlossen. Es ist zu kalt zum Schwimmen. Ein Paddler lässt sich in seinem Boot von einem Segel treiben, es weht wie ein Tischtuch über seinen entlasteten Schultern und Armen. Niemand verbreitet Lärm. Wir lieben diese Landschaft und sehen, wie gelbe, rote und braune Blätter von den Zweigen flattern.

In diesen Wochen altert die Politik im Großen. Wie weit geht uns das noch an? Wir altern im Kleinen und haben damit unser Tun. Am Samstag vor der Bundestagswahl wurde in der bayerischen Hauptstadt das 180. Oktoberfest eröffnet. Es war der 21. September 2013. Da muss Petrus auf München herabgelugt haben, und er hat sich wohl gesagt: »Schau, herunten in Minga gibt's a Gaudi auf der Wiesn. Da werd's Zeit, dass i de Wolken auf d'Seitn schuib.«

Und tatsächlich, während Oberbürgermeister Christian Ude zum letzten Mal – mit zwei Schlägen – den Spund ins Fass trieb und rief: »O'zapft is!«, brach die Sonne über dem Festplatz aus den Wolken hervor. Bis gestern hat sie vom Himmel in spätsommerlichem Glanz herabgestrahlt. Heute regnet es, aber es bleibt noch angenehm warm.

Wir feiern unser eigenes Oktoberfest im Augustinum. Das Restaurant ist mit grünen Girlanden und weißblauen hängenden Bändern voller »Puffärmel« geschmückt, und die *»Münchner Spitzbuam«* sorgen für eine Musik, deren Rhythmus in die Glieder fährt.

»Es darf getanzt, gesungen und geschunkelt werden«, heißt es in der Einladung. Auch wenn wir beide wohl hocken bleiben werden, wir lassen uns nicht lumpen und gehen hin.

Der Saal sieht mit weit auseinandergerückten Tischen aus, als wäre er gut besetzt. Die Beweglichkeit der Beine ist nur noch einer Minderheit gegeben. Die Beweglichkeit der Gespräche ersetzt das Hüpfen. Wir rücken mit uns vertrauten Bewohnern zusammen. Es gibt Schmankerln vom Büfett und natürlich frisch gezapftes Festbier vom Fass. (Wir bevorzugen wie beim Sommerfest immer Apfelschorle.) Zum ersten Mal habe ich das Münchner Oktoberfest im September 1952 mitgefeiert. Da war ich 26 Jahre alt. Marlen war mit dem kleinen Andreas zu ihren Eltern nach Braunschweig gefahren. Sie arbeitete dort in einer Kantine bei der britischen Besatzungsmacht. Jeder von uns sparte pro Monat 200 Mark. Nach weniger als einem Jahr hofften wir die notwendigen 4000 Mark für einen Baukostenzuschuss beisammen zu haben, und so gelang es uns auch.

Im Paul List Verlag in der Goethestraße, wo ich als Leiter der Herstellung arbeitete, war eine Tochter aus der Brauerfamilie Pschorr meine Assistentin. Wir hatten dadurch glänzende Beziehungen zur Wiesn. Es war ein sommerlicher Nachmittag und früher Abend, als wir zwischen der Achterbahn, Karussells, Schaubuden, Motorskootern und der Geisterbahn umherschweiften. Von einer Visite im Reitersaal besitze ich noch ein Foto, es zeigt mich mit gelüftetem Hut auf einem Trampolin, da stehe ich und strecke kreuzfidel die Arme in die Luft.

Später fand sich der ganze Trupp von Verlagsmitarbeitern in einer reservierten Ecke des Pschorr-Zelts zusammen. Wir verspeisten Hendl, Brezn, Radi und Gurken. Bier floss reichlich durch unsere Kehlen, und natürlich brachen wir bei jeder Kleinigkeit in Gelächter aus.

Das ist ein halbes Jahrhundert plus fünf Jahre her. Nun also, wie unterhalten wir uns beim Augustinum-Oktoberfest? Es wäre leichter, wenn wir uns weniger Mühe damit gäben. Die Stiftsdirektorin begrüßt uns, dankt den Musikanten und allen, die bei der Vorbereitung dieses Festes geholfen haben. Gleich wird das Büfett eröffnet. Es gibt Leberknödelsuppe und zur Auswahl halbe Hendl oder Nürnberger Bratwürstl mit Sauerkraut und Kartoffelsalat. Dazu vielerlei Aufschnitt mit Brot, Semmeln und zum Nachtisch *Ausgezogene* (aus Hefeteig) oder Apfelstrudel mit Vanillesauce.

Neben mir sitzt Franz Klar, wie ich Fähnrich zu Zeiten der Kriegsmarine; er hat seinen Rollator an der Wand abgestellt. Sein kluges Gesicht ist anämisch weiß. Mir gegenüber thront der ehemalige Vorsitzende des Stiftungsbeirats. Einst war er Schulleiter in seiner Heimatstadt Würzburg. Die Stiftsleiterin, Frau Elke Schmidt, geht umher und prostet der Reihe nach allen Teilnehmenden zu.

Auch die drei Musikanten – Posaune, Ziehharmonika, Saxofon – wechseln ihre Positionen. Sie erfüllen Zuhörerwünsche. Melodien unserer Jugend steigen auf: »Ich tanze mit dir in den Himmel hinein«, »Man müsste Klavier spielen können, wer Klavier spielt, hat Glück bei den Frau'n« und natürlich das bayerische »Ein Prosit der Gemütlichkeit«.

Unser Schulmeister schwärmt vom Steinwein. Ich erinnere mich, wie Würzburg nach dem Krieg ausgesehen hat. Es war bei den Angriffen von Bomberflotten vernichtend getroffen worden, eine Trümmerwüste. Man begann gleich nach der Kapitulation, den Schutt geordnet abzutragen. Es entstand eine neue Topografie: die mit Erde bedeckten, bald begrünten Schuttberge. Zu der Zeit habe ich manchmal auf Fahrten nach Norden vom Bahnhof aus die Rebstöcke des Berges gesehen, auf dem der Steinwein wächst. »Vom Wein«, holt der Würzburger aus, »habe ich eine wahre Geschichte zu erzählen.« Er sitzt breitschultrig und behaglich mit gewölbter Körpermitte da und grüßt mit seinem Glas Rotem Augustiner herüber. Während er spricht, beobachte ich sein kräftiges Gesicht mit den starken Brauen und dem ziseliert ausrasierten Bart auf der Oberlippe und um die Kinnbacken.

»Der Wein hatte vom Krieg nicht gar so viel abbekommen, aber natürlich musste man die aus Arbeitermangel wenig gepflegten Rebstöcke erst wieder herrichten. Bald blühte das Geschäft der Weingutbesitzer wieder auf, auch der Export kam wieder in Gang.«

Inzwischen haben sich ihm alle um unseren Tisch mit ihren Blicken zugewandt. Die Musikanten bemerken das, und sie verziehen sich in Bereiche, wo man ihnen besser zuhört.

Der Erzähler atmet kräftig durch, dann beginnt er neu: »Eines Tages kam eine Beschwerde aus Amerika, der Steinwein habe einen unerklärlichen Beigeschmack. Wenn das nicht abgestellt werde, könne man die Lieferung nicht weiter beziehen. Natürlich versetzte das nicht nur die Weinbauern, sondern auch den Stadtrat und die Bevölkerung in helle Aufregung.«

»Und was war der Grund?«, »Woran lag es?«, erhebt sich die Neugier mehrstimmig.

»Das war gar nicht so leicht herauszufinden. Zwar hat man rasch entdeckt, dass die im Augenblick heranwachsenden Trauben seltsam grau gefärbt waren. Aber das brachte noch nicht die Lösung. Die zuständigen Ämter warfen den Weinbauern Verheimlichung vor. Schließlich konnte diese auffällige Verfärbung den Besitzern der Rebstöcke nicht verborgen geblieben sein.«

»Aber was war nun wirklich der Grund?«

»Was glauben Sie?«, fragt der Berichterstatter zurück.

Schweigen antwortet ihm.

Da streicht er sich behaglich über den Bauch und spielt seinen Trumpf aus: »Es gab in diesem Bereich noch nicht die Elektrifizierung der Bahn. Bei Aufenthalten der Züge im Bahnhof und vor allem, sooft die Loks nach dem Aufenthalt wieder Fahrt aufnahmen, dampfte grauschwarzer Rauch immer wieder den Weinberg hinauf, und daher rührte der

Niederschlag. Diese Erkenntnis hat dann geholfen, den Wechsel zur Stromenergie beschleunigt herbeizuführen. Und siehe da: Nach Jahr und Tag war alle Welt wieder zufrieden.«

Kein Wunder, dass manche Zuhörer jetzt Wein statt Bier bestellen. Jeder hatte am Eingang einen Zettel erhalten, auf dem die Getränke notiert wurden. Und allen hatte man ein weißblaues Bändchen ums rechte Handgelenk gebunden, damit sie am Büfett bei Ausgabe der Mahlzeiten als Pauschalzahler kenntlich wären. So ist jede Einzelheit glänzend organisiert. Am folgenden Monatsende wird der Verbrauch von den einzelnen Hauskonten der Anwesenden abgebucht.

Ich spüre, wie meine Frau unseren Aufbruch erwartet. Sobald sich eine Lücke in der Gesprächsrunde auftut, stehen wir auf, wünschen den Bleibenden weiter gute Unterhaltung und sind bald darauf zufrieden, unsere Wohnung zu erreichen. Als wir nachher darüber sprechen, wie es uns gefallen hat, finden wir übereinstimmend, dass wir für solche Festlichkeiten weniger geeignet sind als früher.

Um diese Zeit erhielt ich eine Mail meiner Schwester Barbara, die mit ihrem Mann, einem Physiker, im Großraum von Los Angeles in Pacific Palisades lebt, nicht weit von der Villa entfernt, die Thomas Mann für sich, seine Frau Katja und Teile seiner Familie während ihrer kalifornischen Emigrationsjahre hat errichten lassen.

Ich hatte sie gefragt, wie es sich in den Vereinigten Staaten mit Seniorenstiften verhalte. Die Antwort: »Es gibt Altersheime und Senioren-Wohngemeinschaften. Wie alles in den USA ist ihre Qualität geldbedingt. Die Preise sind hoch bis absurd, bedingt durch die ständig ansteigenden Kosten in der Pflegeindustrie. Es gibt eine staatlich geregelte Fürsorge nur für die finanziell total Benachteiligten, und die ist in den einzelnen Bundesstaaten verschieden.«

Und weiter: »Ich sehe mit klaren Augen, was in unserer Nachbarschaft geschieht, auf meinen Wegen den Berg hinab, meistens nun mit Stock: dass in der Nachbarschaft zuerst da und dort ein Partner fehlt, dass bei anderen das Gehen immer mühseliger wird. Bald werden sie täglich von einer Hilfsperson begleitet, und am Ende, oft plötzlich, verschwindet meistens zuerst der Mann im Heim. Die Frau müht sich noch eine Weile, und dann ist auch sie nicht mehr zu sehen. Es dauert nicht mehr lange, bis das Haus zum Verkauf steht.«

Sie fuhr fort: »Ich weiß, dass man sich an mich gewöhnt hat. Über Jahre wurde ich immer wieder gefragt: ›Und wo ist Ihr Mann, wie geht es ihm?‹ (Ihr Mann, 82, kann sich nach zwei Stürzen mit schweren Bruchverletzungen nur noch im Haus bewegen.) Nun fragt kaum noch jemand nach ihm, dafür springt eine reizende junge Frau über die Straße, wenn sie meine schweren Sachen sieht, und trägt sie mir hinauf.«

Ich habe sie früher auf meinen Amerika-Reisen besucht. Sie waren viel in der Welt unterwegs. Alle paar Jahre kamen sie nach Europa und haben sich dann meist eine Zeit lang auch in München aufgehalten.

Mein Schwager besitzt einen in seinen Vorhaben nicht zu bändigenden Charakter. Er glühte für seine inneren Berufe, die er sich selber erfand, für seine Fantasien. Barbara, meine ausdrucksvolle und mitteilsame Schwester, hat sich mit viel Studienfleiß, Form und Sprachlust als eine Reiseführerin eigenen Stils emanzipiert. Sie wurde von vielen Mitreisenden bewundert, wenn nicht gar geliebt.

In ihrer Jugend hat Barbara unsere durch schwerstes Gelenkrheuma gequälte Mutter gepflegt. Nun ist sie es, die selber viele Schmerzen durchzustehen hat. So vieles, das wir in unseren besten Jahren erlebten, erschien uns selbstverständlich, inzwischen ist es uns durch unser eigenes Alter entrückt. Die Vorstellung, dass ich meiner Schwester voraussichtlich in diesem Leben nicht noch einmal gegenübersitzen werde, stimmt mich traurig. Briefe, Mails und gelegentliche Anrufe trösten uns.

Eindrucksvolle Ereignisse

Es ist Föhn. Ende Oktober. Wohl zum letzten Mal für dieses Jahr sind wir barfuß in Sandalen gegangen, haben im Park den Männern beim Stockschießen zugesehen und die Ameisen gehindert, an unseren Beinen aufwärtszulaufen. Während wir dasaßen, schlug der Föhnwind in Sturm um. Als wir heimkamen, knatterten an der Wetterfront die Markisen.

Marlen gestern Abend. Wir hatten uns den Film »Das Paradies in uns« mit Katja Flint angesehen. Darin trauert die Schauspielerin als Mutter um ihren Sohn, der mit seinen waghalsigen Kunststücken auf dem Segelsurfbrett beim Reiten auf den höchsten Wellenbrechern, Salto und Spirale vorwärts und rückwärts, ums Leben gekommen ist.

Bevor wir uns schlafen legten, sagte meine Frau in Gedanken an unsere beiden Söhne: »Es gibt sehr verschiedene Arten zu trauern.«

Unser Sohn Andreas, 62, hat einen besonders großen Herzschrittmacher eingesetzt bekommen. Wir konnten ihn, als er aus der Narkose aufgewacht war, kurz telefonisch sprechen. Sie hatten ihm wohl ein euphorisierendes Mittel gegeben. Er klang schmerzfrei und erschien uns unwirklich nah. Am nächsten Vormittag rief er mit dem Handy an und wirkte nun, als wäre er unter Nachschmerzen auf seine Weise völlig in Anspruch genommen.

Von uns ist er es nicht gewöhnt, dass wir von unseren eigenen Schwierigkeiten sprechen. Falls er einmal fragt, wie es uns geht, antworten wir: »mittelprächtig«. Dieses Wort, das zuerst Marlen gebrauchte, halte ich bei vielen Erkundigungen nach meinem Befinden wie einen Schutzschild vor mich hin, und die meisten Mitbewohnerinnen und -bewohner verstehen das.

Wenn ich unterwegs bin und jungen Müttern begegne, schaue ich gern in Kinderwägen hinein. Natürlich ergibt sich dann auch leicht ein Gespräch. Die Mütter, unter ihnen Türkinnen und Afrikanerinnen, antworten mir stolz auf meine Fragen zu den winzigen Menschlein. Sie sind erschöpft und oft überlastet mit Einkaufstüten. Ich erinnere mich an die Jahre, als wir einen Kinderwagen vor uns herschoben. Noch weiter springt das Gedächtnis zurück – bis zum Dezember 1941. Da sind wir einander zum ersten Mal begegnet, beide 1926 geboren.

Immer wieder denke ich: Wenn wir doch so, wie wir einst – mitten in der Weimarer Zeit – in das Leben hineinschlafen durften, auch wieder aus dem Leben herausschlafen könnten.

Im Kuchenreuther-Kino Nummer 4 an der Münchner Freiheit haben Marlen und ich beide Teile des neuen Films von Edgar Reitz und Gert Heidenreich gesehen. Wir waren überrascht: Der ohnehin kleine Saal war nur in den hinteren Reihen besetzt. Hinterher verstanden wir das besser. Der Film ist ein grandioses Schwarz-Weiß-Gemälde von einem Gebirgsdorf und seinen Menschen um 1850. Aber er ist zu episch und poetisch für ein großes Publikum.

Als wir in der Dämmerung auf die Straße traten, fragte ich mich in Erinnerung an unser Schwabing in den frühen Fünfzigerjahren: Wo ist der »Siegesgarten« geblieben, in dem man für eine Mark fünfzig große Schnitzel mit Kartoffelsalat verdrücken konnte und satt wurde. Wo »Die Nachteule« und der »Osterwaldgarten«, wie er seinerzeit war? Die Bohème bei »Gisela«. All die schummrigen, berühmten Lokale, die eine Tradition aus Wedekinds und Franziska Gräfin zu Reventlows Zeiten fortsetzten. Damals hielt sich der Autoverkehr noch in Grenzen. Auf der Leopoldstraße waren Stühle und Tische der Eiko vom Bürgersteig auf die Fahrbahn hinausgerückt.

Vom alten Schwabinger Postgebäude leuchteten die Fenster herüber. Nahe dabei lag auch im ersten Stock das Café Freilinge, wohin Rudolf Schmitt-Sulzthal mit seinem Tukan-Kreis junge Autoren zu Lesungen einlud. Da habe ich im Juni 1956 zum ersten Mal öffentlich eine meiner Erzählungen gelesen.

Von Älteren haben wir noch Augenzeugenberichte über Frank Wedekinds legendäres »Frühlingserwachen« (1906) gehört und seine beherrschende Rolle am Theater. Wir haben die Fama um seine Frau Tilly mit den Töchtern Pamela und Cadidja bestaunt. Sein Begräbnis auf dem Waldfriedhof war zu einer Volkstrauer geworden. Die Witwe Wedekind schrieb später ihre Erinnerungen unter dem Titel »Lulu – die Rolle meines Lebens«. Cadidja, die Jüngere, habe ich in Schwabing kennengelernt, sie erschien mir als eine markante Erbin mit üppigen Garderoben und selbstbezogenen Äußerungen.

Wir als junges Paar sehnten uns rückwärts in jene Zeit, so vorwärtsgerichtet wir sonst auch lebten. Wir lasen die Münchner Literatur der Weimarer Jahre. Thomas Manns Novelle »Tod in Venedig«, die am Portal des Nordfriedhofs beginnt, und alles, was wir von Klaus und Erika Mann unweit der Münchner Freiheit in der Buchhandlung Lehmkuhl fanden. Wir kleideten uns als strebsame Nachfahren und träumten von eigenen Künsten. Bis 1960 lag auch mein Arbeitsplatz im Piper Verlag im Herzen des Musenkarrees. Schwabing roch anders als München City, Kaffeeduft, Farbenduft, Atelierfensterglanz. Die Blätter der Pappeln hinter dem Siegestor wehten weinflaschengrün mit silbernen Reflexen.

1955 eröffnete ich unser Konto bei der Stadtsparkasse an der Schwabinger Meile auf Höhe der Kaiserstraße und führe es auch heute noch vom Augustinum aus weiter. Bald sind es sechzig Jahre. Da wurde unsere knappe Zeit verbucht, die langsam wachsende Freizügigkeit, der Hauskauf, die riesigen Schulden und die Sparurlaube, später Bundestagsdiäten und gleichzeitig weiter Literaturarbeit. Danach erst folgte meine relativ erfolgreiche Zeit als Autor und schließlich – nach einer Pause stiller Jahre – die Trennung nicht nur von einer zeitweiligen »Prominenz« und deren Mühsal wie auch Vorteilen, sondern auch von unserem birkenumstandenen, eingewachsenen Hausbesitz.

Annäherung über die Füße

Als ich ihre Rufnummer wählte, war ein Mann mit ruhiger dunkler Stimme am Apparat. Ich nenne sie hier Cordula Liebegesell, denn sie ist herzlich und unglaublich aufgeschlossen für die so unterschiedlichen Menschen hier in unserem Augustinum. Sie übt einen schweren Beruf aus und erlebt von Erfreulichem bis zum Schlimmsten alles, was in einem solchen Wohnstift geschieht.

Auf ihrer Geschäftskarte sieht man links, an den hochgestellten Namen eines bekannten Kosmetikers gelehnt, ihr lächelndes Bild. Sie lernt die Bewohnerinnen und Bewohner über die Füße kennen, mit denen manche ein Jahrhundert lang gelaufen sind. Der mit Geräten und einer Stirnlampe bestückte Wagen, den sie in die Behausungen hineinschiebt, hat Fächer für Scheren, Tücher, Reinigungsmittel, Watte und Salben. Ihr Schlüssel für das Befinden ihrer Patientinnen und männlichen Kunden ist das Gespräch.

Schweigen ist bei ihr nicht angesagt. Die einzelne Behandlung dauert etwa eine Dreiviertelstunde, es eilt bei ihr nicht. Sie kommt wieder, wann immer sie gewünscht wird oder die Pflegeleitung sie in Demenzfällen beauftragt. Es gibt weniges, das sie von dem humanen Universum namens Augustinum nicht aus langer Erfahrung kennt. Sie ist bodenständig und wohnt in Feldmoching.

Im Wohnstiftjahresheft »Wir sind wir« sind sie und ihre Kollegin verzeichnet: ihre Anwesenheit oder Freizeiten werden im Wochenprogramm angezeigt. Sie ist ein fester Bestandteil des Hauses. Was sie tut, ist intim. Das erfordert Verschwiegenheit. Aus ihrem Wissen teilt sie vor allem ihre Ansichten über allgemeine Vorkommnisse mit. Ihre Anteilnahme ist Solidarität. Trotz ihrer Redseligkeit haftet ihr nichts übertrieben Mitteilsames an. Sie scheint immer vollständig dort zu sein, wo sie sich gerade in ihrer Tätigkeit befindet. Man hört manchmal in den Gängen ihr helles Lachen. Alles nimmt sie ernst. Sie ist zierlich und dennoch kräftig. So schwere körperliche Arbeit, wie die Pflegerinnen sie immer wieder leisten müssen, wenn sie Kranke aus den Betten heben und waschen, traut sie sich nicht zu. Sie kommt mir vor wie ein Gelenk zwischen den Ärzten, Therapeuten und den Klienten. Soziale Theoretiker könnten viel von ihr lernen.

Mit Frau Liebegesell verständige ich mich gern, ich erfahre dabei mancherlei aus Bereichen der Pflege, von denen wir noch nicht betroffen sind. Sie kennt sich aus bei den Pflegerinnen, auch denen aus weit entfernten Ländern und Kontinenten. Als junge Frauen finden sie in Pflegeberufen vielfach zuerst eine Möglichkeit, ihren Lebensunterhalt wenigstens teilweise zu verdienen. Sie werden angelernt und sind darin oft erstaunlich schnell recht geschickt. Nicht selten verbinden sie sich in der Pflege mit den Leidenden und Sterbenden, die ohne ihre Hilfe noch elender und einsamer wären.

Es hat mich beeindruckt, von Cordula Liebegesell zu hören: »Und wenn einzelne Patienten dann gestorben sind, oft war es das längst überfällige Ende einer schier endlosen Qual, sitzen diese Mädchen manchmal weinend am Totenbett anstelle der nicht mehr aufzufindenden Angehörigen.«

Wenn ich nachts wachliege, dringt das Klappen der eisernen Feuertür zwischen Treppenhaus und Flur zu mir ins Zimmer herüber, und ich denke: Da ist wieder Nothilfe unterwegs. Wie lebendig dürfen wir noch sein in diesem Sterbehaus. Und wie lange? Es ist für mich nicht leicht, wenn Marlen es wieder einmal ausspricht: »Ich habe lange genug gelebt.«

Eines Tages werden wir wohl gemeinsam auf dem Nordfriedhof begraben liegen, nah den Plätzen, Straßen und dem Englischen Garten – der Umgebung, in der wir unsere längsten und schönsten Münchner Jahre verbrachten. Ich bin mein ganzes Leben lang nicht allein gewesen. Ich habe darin keine Übung.

Augustinustag

Es ist Dienstag, der 12. November, der Augustinustag. Um 15.30 Uhr spricht Markus Rückert, Sohn der Gründereltern, im Theatersaal. Der große Raum ist gut mit Bewohnern und Gästen gefüllt. Die Stiftsdirektorin Elke Schmidt hat ihn mit Rang und Titeln vorgestellt und ihm gleich das Wort erteilt. Rückert ist wohlbeleibt, er hat einen starken Schädel und willensstarke Gesichtszüge. Seine ergrauten Haare sind kurz geschnitten. Er liest seinen Vortrag »Über Gott nachdenken« so souverän vom Blatt ab, als spräche er frei.

Im Wesentlichen trägt er den Lebenslauf des Augustinus vor. Wohl fast alle Zuhörenden erfahren – wie ich – vieles über den Kirchenvater, was sie zum ersten Mal hören. Er lebte von 354 bis 430 nach Christi Geburt. Mehr als zwei Jahrzehnte seines Lebens war der gebürtige Berber aus Nordafrika noch den alten Göttern verpflichtet. Aus der Bergwelt seiner Herkunft lässt sich schließen, dass er wohl eine dunkle Hautfarbe hatte. Sein großes Vorbild als Rhetor und Schriftsteller war Marcus Tullius Cicero, der römische Staatsmann und Politiker, er lebte im letzten Jahrhundert vor Christus. Seine umfangreichen Bildungsschriften sind Vermächtnisse des damaligen Wissens von Geschichte und Philosophie. Auf unserem humanistischen Gymnasium wurden einzelne seiner Texte erst auf der letzten Stufe vor dem Abitur behandelt.

Augustinus hat 18-jährig mit seiner Geliebten einen Sohn in die Welt gesetzt. Er nahm seine Familie mit, als er bald darauf als ein mittlerweile berühmter Redner an den Hof des weströmischen Kaisers berufen wurde, der aus Sicherheitsgründen in Mailand residierte.

Augustinus festigte seine Gelehrsamkeit und schied nach zwei Jahren auf eigene Entscheidung aus des Kaisers Dienst aus. Für seine Bekehrung zum Christentum spielte offenbar seine Mutter, die ihn von früh auf lehrte und zugleich bewunderte, eine wichtige Rolle. Er wurde 387 getauft, ging zurück nach Afrika und verstieß seine Geliebte, um standesgemäß zu heiraten. Der Sohn starb.

Zu der Zeit brauchte Bischof Valerius einen jüngeren Helfer. Augustinus bewährte sich in dieser Aufgabe und wurde wie selbstverständlich Valerius' Nachfolger als Bischof.

»Liebe – und dann tu, was du willst«, war einer seiner Grundsätze. Und er erkannte: »Was der Mensch baut, das zerstört er auch.« Oder: »Die Geschichte ist wie das Meer – ruhelos, gepeitscht, haltlos und zerfließend.«

Zu der Zeit wurde Rom von den Goten zerstört. Wenn selbst die Stadt, in der ein Reich begründet wurde, hinfällig war – was war dann noch gewiss? Augustinus reagierte auf diesen Wandel der damaligen Welt und die einsetzende Völkerwanderung zwischen den Staaten am Mittelmeer mit seiner größten Arbeit, den zwölf Büchern vom Gottesstaat.

»Der Staat Gottes ist das Ziel«, war sein Leitgedanke. Er lebte zuletzt überwiegend in dem Gebiet des heutigen Algerien. Der Einfluss, den sein Leben und Werk auf die geistige Welt der frühen Jahrhunderte unserer Zeitrechnung ausübte, war nachhaltig und die Wirkung hält in ihrer Tiefe bis heute an.

Nach 40 Minuten war die Veranstaltung beendet. Wir alle waren ins Foyer eingeladen zu einer Tasse Tee oder Kaffee auf Etageren mit Petits Fours und kleinen Sandwiches. Es bildeten sich Gesprächsrunden. Man sollte auch Rückert befragen können. Ich entschloss mich dazu, aber er war doch gleich aufgebrochen. So erlebte ich, wie eines seiner Versprechen nicht eingelöst wurde.

Als ich in unsere Wohnung kam, Marlen war nicht mit unten geblieben, sagte sie: »Aber über Gott in der heutigen Welt hat er nicht gesprochen. Das hätte mich wirklich interessiert.«

Durch diese Bemerkung hat sie meine Gedanken zur Evangelischen Akademie Tutzing gelenkt. Dort hatte ich Anfang der Achtzigerjahre auf einer Tagung zu Glaubensfragen in der Gegenwart zu ergründen versucht: »Warum ich in der Kirche geblieben bin«.

Der BR-Kirchenfunk hatte diesen Text mitgeschnitten, er sendete ihn in den »Evangelischen Perspektiven«. Nach und nach übernahmen ihn nahezu alle Kirchenredaktionen der ARD-Sender. Ich wurde dadurch völlig überrascht. Offenbar stellten sich viele Menschen die gleiche Frage wie ich.

Eine Schlüsselstelle lautet: »Damals wollte ich evangelischer Pfarrer werden, erinnere ich mich. In der Bodenkammer beim Licht eines Kerzenstumpfs betete ich kniend. Das Neue Testament brannte in meiner Hand. Mir war, als käme die Antwort. Ich konnte mit Jesus Zwiesprache halten. Es war ein Kreislauf. Gott schwieg nicht. Manchmal, wenn ich rief, antwortete er. Ich wurde aufgerichtet. Das war auch die Rettung aus meiner Halbwüchsigkeit.

Ob es eine Projektion war oder nicht, nie wieder bis heute habe ich so intensiv gewusst, dass ich glaubte. Ich war nicht einsam. Ich gehörte zur Gemeinschaft der Christen, der Gemeinde.«

Das Jahr geht zu Ende

Dies ist ein Dezember, der verdient, dass er im Buche steht. Unsere Stiftsdirektorin Elke Schmidt und ihr Team raffen alle helfenden Kräfte zusammen, um uns mit Überraschungen zu erfreuen. Ihr Adventskalender 2013 öffnet viele Fenster.

»Nikolaus, sei unser Gast« war ein erster Höhepunkt. Wohl mehr als 200 Bewohnerinnen und Bewohner strömten herbei, als im Foyer ein Aperitif oder Fruchtsäfte serviert wurden. Wir saßen an prachtvoll weiß gedeckten Tischen, darauf Tannenbäumchen mit roten und goldenen Kugeln, und auf den weißen Tischtüchern lauter winzige goldene Sterne; manche waren, die Fantasie anregend, wie zum kleinen Wagen, Großen Bären oder der Kassiopeia angeordnet. Erwartungsvolle Gespräche brodelten wie in einem Festzelt empor. Und wie zu einer Bescherung gingen die Türen des Theatersaals auf.

Es folgte das Konzert der »Anonymen Nostalgiker«, einer fünfköpfigen Gruppe, die sich erstmals vor elf Jahren in einem kleinen niederbayerischen Dorf getroffen hat, um gemeinsam zu singen und zu musizieren. Sie begeisterten sich für die Musik der legendären »Comedian Harmonists« aus alter Zeit, und sie arrangieren nach diesem Vorbild mit wachsendem Erfolg eigene Songs, Spirituals und Paraphrasen auf vielerlei musikalische Themen aus der Volksmusik.

Das Beste an dem Auftritt war in meinen Augen und Ohren ihre Harmonie untereinander, auch die ironische Dissonanz, mit der Bass, Tenor, Sopran und Alt, dazu zwei Männer abwechselnd voller herausfordernder Rhythmen am

Flügel, aus der deutschen, angelsächsischen und russischen Liederwelt schöpften, was ihnen am besten gefiel. Ich fand die einzelnen Stücke unterschiedlich und nicht so hervorragend, wie das Ganze angekündigt war. Die Mehrheit der Versammelten aber schenkte ihnen einen Riesenbeifall.

Anschließend waren wir, wieder an den Tischen im Foyer, zu einer feierlichen Mahlzeit eingeladen. Es gab Kürbissuppe mit Kernen und Kartoffelpuffer mit Schinken, dazu laufend roten oder weißen Wein oder Apfelsaft. Wir saßen mit dem Rücken an der Theaterwand und sprachen mit denen, die unter dem allgemeinen Gemurmel akustisch erreichbar waren. Lieber noch schaute ich über die vielen Köpfe hinweg auf die im Hintergrund agierenden Köche und die herumsausenden Zuträgerinnen, die mit Tabletts voll gefüllter Teller herbeischaukelten. Ich wusste einmal wieder nicht, worüber ich mehr staunen sollte: über die perfekte Organisation dieses Nachmittags oder die Tatsache, dass noch am selben Abend alles abgeräumt und die alltägliche Ordnung wieder hergestellt war. Uns vertraute Mitarbeiterinnen wieselten umher. Sie waren um Hilfskräfte verstärkt. Alles lief wie am Schnürchen ab.

Danach in unserer Wohnung waren die Fernsehnachrichten angefüllt mit Lebensbildern Nelson Rolihlahla Mandelas; er war am Vorabend im Alter von 95 Jahren gestorben. Uns war die weltverändernde Bedeutung dieses Politikers bewusst, seit wir seine Autobiografie »Der lange Weg zur Freiheit« (1994) gelesen hatten.

Der Begriff »die Welt trauert um ...«, der so oft auch für Geringere beansprucht wird, hier trifft er einmal wirklich zu. Auch US-Präsident Barack Obama wäre ohne ihn schwerlich denkbar gewesen.

Wir sahen bei Arte ein langes Lebensporträt mit Zeitzeugen-Interviews, darunter die Literatur-Nobelpreisträgerin Nadine Gordimer. Die Trauertänze farbiger Südafrikaner zu Mandelas Tod, die im Fernsehen gezeigt wurden, machten sichtbar, wie stark die rhythmisch impulsiven Bewegungen, das Klatschen und Singen dieser Menschen zu Musikinstrumenten aus alter Zeit, beides in einem ausdrücken können: gemeinsames Leid im Abschiednehmen von ihrem großen Vorbild und Freude, dass ihr Held nicht mehr leiden muss. Er wird gewiss in ihnen weiterleben.

Verteilt auf die Adventszeit finden im Foyer alle paar Tage Lesungen von Geschichten statt, die zur Einstimmung auf die großen Festtage passen. Ich drücke mich ein bisschen um das Wort Weihnachten herum. Weihnachten ist für mich die Erinnerung an meine Kindheit, an bauchkribbelnde Vorfreude. Nach dem Erklingen des berühmten Glöckchens überwältigte mich die traumhafte Eröffnung des Wohnzimmers mit dem hohen Lichterbaum. Mein Bruder und ich lugten, während Mutter die Weihnachtsgeschichte aus der Bibel vorlas, auf unsere Geschenktische. Solange wir aufbleiben durften, träumte ich weiter. Am nächsten Morgen erwachte ich früh und tappte im Nachthemd barfuß ins Weihnachtszimmer. Ich atmete den Duft der Bienenwachskerzen, der Lebkuchen, der Tannennadeln und der Weinreste in den Gläsern, aus denen die Eltern getrunken hatten. Versonnen spielte ich mit der neuen Lokomotive für die Schmalspureisenbahn und dem mich erschreckenden Flammenwerfer des Linoleumsoldaten in einer Gruppe, die den Grabenkrieg vor Verdun darstellte. Ich freute mich auf den Gänsebraten, so prall mein Bauch von Plätzchen und Nüssen noch war.

Am Tag nach den »Nostalgikern« las Lydia Güth, deren Wirken wir von unserem Einzug her noch gut erinnern, die Kurzgeschichte »Der kleine Tag« von Wolfram Eicke. Sie basiert auf der schönen Idee, dass die Tage, bevor sie – jeder nur ein einziges Mal – auf die Welt kommen, an einem unbekannten Ort außerhalb der Erde leben und dahin auch zurückkehren. In heißer Erwartung sehnt sich *der kleine Tag* nach seiner Erdenfahrt. Es ist der 22. November, als er endlich hinfliegen darf.

Am Christabend saßen wir mit Frauke Landsend und Franz Klar beisammen, er trug – »extra für Sie hab ich den umgebunden« – einen Marineschlips, in den *Crew 10/43* eingestickt war. Er hatte sich freiwillig zur Kriegsmarine gemeldet und war ein Vierteljahr vor mir einberufen worden. Bei jedem Treffen lernen wir einander etwas genauer kennen.

»So jung ich war, ich war damals ein begeisterter Nazi. Sie doch wohl auch. Oder?«

»Wir waren von Haus aus deutschnational. Nicht Hakenkreuz, sondern Schwarz-Weiß-Rot.«

Seine Frau sei mit 73 Jahren an Krebs der Bauchspeicheldrüse gestorben. »Mein Gott, haben die Ärzte lange herumgesucht und die wahre Ursache doch nicht gefunden.« Als sie nicht mehr lebte, ist er vor vier Jahren hierher umgesiedelt und damit im Grunde sehr zufrieden. »Wenn ich nur nicht zweimal so übel gestürzt wäre! Ohne Rollwagen kann ich mich kaum noch bewegen.« Er verzog, gespielt schmerzlich, sein weißes intelligentes Gesicht und lobte, als könne er damit diesen Eindruck ausgleichen, den Chef unserer Physiotherapie, Kai Zenker.

»Der hat mich gerettet, als ich einen scheußlichen Bandscheibenvorfall hatte und ein Arzt mir zur sofortigen Operation riet. Er ist ein Meister seiner Kunst, er hat den Schaden allein mit Massagen vollständig behoben. Wäre ich Privatpatient, lebte ich wohl schon nicht mehr.«

»Haben Sie noch irgendwelche Verwandten, die für Sie erreichbar sind?«, fragte Marlen.

»Es gibt eine Nichte in Berlin, und sie hat ein kleines Kind. Sie will mich demnächst einmal besuchen. Darauf freue ich mich.« Also ist er nicht ganz »verwaist«.

Frau Landsend hatte ihm aufmerksam, ja gefesselt zugehört. Sie sitzt seit einiger Zeit bei unseren täglichen Mittagessen mit an unserem Vierertisch. Wir haben sie für diesen Abend mit Franz Klar eingeladen und ihr etwas über ihn berichtet. Aber mit ihren einundneunzig, vor dreizehn Jahren hier eingezogen, hat sie das glatt vergessen und sich von anderen Bekannten an deren Tisch einfangen lassen. Sie hielt schon ein Glas Rotwein in der Hand, als ich sie dort abfischte.

»So?«, wunderte sie sich, »wir waren fest verabredet?« Aber auf einmal schien sie sich dann doch wieder daran zu erinnern. Jedenfalls fühlte sie sich, hauchdünn, zart aussehend, aber energisch, das weiße Haar zurückgekämmt, bei uns nun gut aufgehoben. Sie geht morgens in aller Frühe fast täglich zum Schwimmen und nachmittags mit zwei Stöcken in der Umgebung spazieren. Ihr Mann war Dirigent. Sie hat nach seinem Tod viele Jahre in unserer Nähe gewohnt, in der Osterwaldstraße. Von der geht an ihrem Ende nach einer Kurve die Heimstättenstraße ab. Vermutlich sind wir einander hin und wieder beim Einkaufen gegenüber dem Nordfriedhof begegnet, ohne etwas von unserer gemeinsamen Zukunft zu ahnen. Irrwege und Wege, wie sie manchmal zusammenführen.

Am Nachmittag hatte es an unserer Wohnungstür geklingelt: zwei Weihnachtstaschen mit Gebäck und Süßigkeiten wurden für uns abgegeben. Darin lag auch die Winterausgabe des vierteljährlich erscheinenden *»forum«* mit einem festlichen Gruß.

Zurück zur Festgesellschaft. Dort kreuzten servierende Frauen und einige Männer mit Wein, Mineralwasser, Suppe und der Speisenfolge geschickt balancierend zwischen den kleinen und größeren Tischgruppen auf. Gespräche, Musik wogten durch den weiten Raum, sodass wir die Köpfe vorneigen mussten, um einander zu verstehen. – Auf einmal erschien Ferdinand Briefer, gerade und groß gewachsen mit seiner sportlichen Gestalt und breiten Schultern an unserem Tisch. Er klopfte auf eine Kante und wünschte uns gute Feiertage.

»Aha«, sagte ich, »Sie drehen eine Runde, um sich noch einmal extra beliebt zu machen.« Daraufhin lachte er und sagte: »Genau«, und er schritt weiter zur nächsten Gruppe.

Wie ich ihn hier auch nenne, viele in unserem Haus würden ihn gleich erkennen, wenn sie das Folgende läsen; denn er ist unverwechselbar.

Herr Briefer und seine Frau sind vor einigen Monaten als Neubewohner hier in unserem Augustinum aufgetaucht, und er hat mit seiner kommunikativen Direktheit, Hilfsbereitschaft und Freude an vielfältiger Zuwendung die sonst gültigen »Auftaugrenzen« wie mit einem Hürdensprung überwunden.

Als wir einander einmal vor dem Haupteingang begegneten, blieb er einfach stehen, stellte sich vor und schaute mich auffordernd an. So wechselten wir ein paar Worte. Das wiederholte sich gelegentlich auf unseren Wegen zum Einkaufen oder im 60er-Bus. Allmählich wurden auch unsere Frauen, obgleich zögernder, miteinander bekannt. Seitdem hebt er, wenn sie beide mittags im Gang vor unserem Tisch vorübergehen, den rechten Arm in die Luft und kräuselt grüßend die Finger. Eines Tages haben wir sie zu uns eingeladen. Sein Geschick, das wir an diesem Nachmittag kennenlernten, hat sich für uns aus seinen Worten wie ein Kaleidoskop von Schreckensbildern mit ein paar helleren Szenen und sogar einem versöhnlichen Ausgang zusammengesetzt.

Mit sechzehn Jahren als Hitlerjunge war er noch in den Abwehrkampf an der Ostfront hineingeworfen worden, die längst auf deutschem Boden verlief. Er geriet in russische Gefangenschaft. Sie behielten ihn fünf Jahre. Fünf Jahre voller Hunger und Kälte in Lagern dicht vor dem Ural. Ein paarmal hatte er Glück und kam zum Ernteeinsatz weiter nach Westen. Die Bauern der Kolchose fütterten den kräftigen Jungen, der so tüchtig arbeiten konnte.

»Wohlgenährt und braungebrannt fast wie aus einer Sommerfrische kehrte ich zu meiner Gruppe ins Lager zurück.«

Ferdinand Briefer hatte begriffen, dass sich im Lager jeder selbst der Nächste war. Fünf verlorene Jahre, dachte er. Aber sie hatten ihn zum Mann gemacht. Später fiel ihm auf, dass sie ihm eine Reife eingebracht hatten, die ihn nach der Heimkehr unter Gleichaltrigen hervorhob. Nun also hieß es erst einmal, wieder zur Schule zu gehen – und nach drei Jahren das Abitur zu machen. Verbitterung kam ihm nicht in den Sinn. Lebensfreude und eine angeborene Vitalität hatten ihn alle Schwierigkeiten überwinden lassen. Er studierte Jus. Mit Anfang dreißig legte er sein zweites Staatsexamen ab, und er bewarb sich um Aufgaben in der öffentlichen Verwaltung. Er stieg auf und wurde leitender Regierungsdirektor im Deutschen Patentamt München. Seine Frau war Auslandskorrespondentin und der meinen sofort sympathisch.

Bei neu Hinzugezogenen erscheint mir manchmal die Überlegung interessant, woher sie kommen und vor allem, was für einen Beruf sie hatten. Prägt die Profession das Gesicht? Als ich einen Neubewohner, Typ Ministerialrat, gelegentlich danach fragte, antwortete er: »Ich habe vier Ministerpräsidenten überstanden.« Darin lag das ganze Überlegenheitsgefühl eines zwar versetzbaren, in der Regel aber nicht kündbaren Ministerialbeamten selbst gegenüber hohen Politikern. Sie müssen alle vier oder fünf Jahre um ihre Wiederwahl kämpfen und können abgewählt werden. Minister und Ministerinnen sind abhängig vom genaueren Sachverstand ihrer Beamten.

Durchhalten

Anfang Januar 2014

Seit Wochen haben wir ein Wetter wie sonst Anfang März. Auf manchen Wiesen sprießen Maulwurfshügel. Wir bewegen uns in Sommerschuhen mit Socken. Morgenrot und Föhnhimmel begleiten uns, in der Frühe Raureif, selten Nachtfrost. Kein Schnee. Die Kinder haben noch nicht einmal rodeln können. Ich kann mich nicht erinnern, jemals in München eine solche Aufführung von verdrehtem Vorfrühling erlebt zu haben.

Die Silvesterknallerei haben wir durchgestanden. Es ist uns unvergesslich, wie wir in Stuttgart, jung verheiratet, in der Silvesternacht bergaufwärts schritten. Aus dem Tal der Stadt stiegen Leuchtspurgeschosse wie Fliegerabwehr in die Luft. Das Wintergras in den Schrebergärten, ein paar Weinstöcke, Buschgeäst und die Zweige der Bäume zitterten von den Detonationen, ja die Erde bebte wie im Nahkampf an der Front. Noch heute können wir dem millionenteuren Böllern nichts abgewinnen.

Am Neujahrsmorgen, umgeben vom Wortregen »ein gutes neues Jahr«, trafen wir unsere Freunde Ilsabel und Helmut vor dem Hauptausgang. Die Frauen umarmten einander. Wir Männer drückten uns beide Hände; einer sah dem anderen in die Augen und nickte stumm.

»Alle meine Wünsche für euch«, sagte ich, »verdichten sich zu einem Wort: ›Durchhalten‹.«

So war mir eine Parole ungewollt über die Lippen gekommen.

Ilsabel griff es auf: »Durchhalten, das ist es.« Sie beweist es täglich. Immer wieder geht sie mit Helmut im Park rings um unser Augustinum auf und ab.

Durchhalten, das ist auch unsere innere Ausrichtung. Marlen stärkt sich im Schwimmbad, etwa eine halbe Stunde auf dem Rücken hin und her. Sie geht zur morgendlichen Seniorengymnastik und »radelt« in der Physiotherapie. Ich beginne jeden Tag noch im Liegen mit Finger- und Bauchmuskelübungen, Beinarbeit, dazu Fußgymnastik auf der Bettkante sitzend. Nach dem Aufstehen zuerst ein Glas Obstsaft, anschließend im Bademantel auf dem Balkon Schulter- und Armbewegungen. Danach erst esse ich Haferkleie mit Joghurt und trinke Tee, die *Süddeutsche Zeitung* lesend.

Meine tägliche Morgenrunde führt mich durch eine Baumallee zwischen Grünanlagen oder zu Einkäufen im Geschäftsblock gegenüber der Einmündung der Dülfer- in die Schleißheimerstraße. Nach der Mittagsruhe gehen Marlen und ich regelmäßig eine bis eineinhalb Stunden durch Wiesenwege um den Fasaneriesee, nach Feldmoching oder über die »Panzerwiese«, je nach Wetter und Ausdauer.

Was bedeutet *Durchhalten* für meine Frau in diesem Jahr, in dem wir beide 88 werden? Was bedeutet es für mich? Bei Marlen kann ich es nur ahnen. Sie spricht kaum einmal darüber. Und wenn, dann geht es um praktische Dinge. Das letzte Kleid. Eine Musik. Ihre frühere Bindung an die Kirche und die Tatsache, dass sie ausgetreten ist. Sie konnte die Militärgeistlichkeit und die Verweigerung eines klaren Nein zu mörderischen Waffen nicht mehr mit sich vereinen.

Ich gehöre weiter der evangelischen Kirche an, ohne zu glauben. Ich begründe das vor mir selber mit Sozialwerken wie der Diakonie. Mein *Durchhalten* hat nichts mit der Kirche zu tun. Wenn es den Pfarrer in unserer ehemaligen Gemeinde der Alten Heide dann noch gibt, wird er zu meiner Beerdigung geeignete Worte finden.

Ein persönliches Problem begegnet Marlen, sooft sie trotz ihrer Schlaftabletten schlaflos liegt. Sie ruht dann zwar, aber sie findet ein bis zweimal pro Woche nicht in den erholsamen Schlaf. Ich wundere mich, wie sie trotz alldem den folgenden Tag meist gut durchsteht. Ein stärkeres Schlafmittel will sie sich nicht verschreiben lassen, um nicht abhängig zu werden. Sie hat das Beispiel ihrer Mutter vor Augen, die in den Jahren über achtzig von Schlaftabletten abhängig wurde.

Durchhalten heißt für uns beide gemeinsam, die Erinnerung in uns wachzuhalten, dass wir als zwei Menschen auf die Welt gekommen sind, die zusammengehören. Ich wünsche es mir immer neu und mehr, als ich denken kann. So sehe ich uns beide vor mir, geborgen in unserer gemeinsamen Identität.

Wir werden in dieser Zweisamkeit wahrgenommen, in unserer nahen und auch der weiteren Umgebung. Das hat viel mit der Art und Weise zu tun, wie jüngere Menschen das Alter sehen. Hier in unserem Wohnbereich, in dem viele Neubürger aus fremden Ländern leben, fällt uns wieder auf, wie unterschiedlich Jugendliche und Ältere gegenüber dem hohen Alter eingestellt sind. Wenn wir die Weitlstraße hinuntergehen und die Schleißheimerstraße überqueren, stoßen wir geradeaus bald hinter der linken Ecke auf einen türkischen Großmarkt. Er versorgt vor allem Türken und auch manche Griechen, die in der nahen Enklave wohnen wie in einem kleinen Stadtteil für sich. Als wir dort vor einiger Zeit zum ersten Mal einkauften, sprach uns beim Bezahlen an der Kasse ein schwarzbärtiger Mann mit ebenso schwarzen Augen in schönstem Bayerisch an: »Wie lang seid's ihr schon beieinand?«

»Wir sind 64 Jahre verheiratet«, antwortete ich.

Er staunte und rief: »Wunderbar, unglaublich!« Und als ich ergänzte: »Und mit fünfzehn haben wir uns kennengelernt«, stand er auf und verneigte sich vor uns. Wir spürten seinen tiefen Respekt.

Wenig später erlebten wir ganz Ähnliches ein zweites Mal. Als wir am Hasenbergl vorn in den 60er-Bus einstiegen, war der Sitz hinter dem Fahrer frei. An dem Doppelsitz an der Tür saß eine Frau in mittlerem Alter, sie sah Marlen aufmerksam an und zog sie gleich zu sich. »Setzen Sie sich doch zu mir.« Es wurde nicht viel gesagt, aber meine Frau spürte, wie die Fremde sie von der Seite her voller Sympathie beobachtete. Bevor wir ausstiegen auch hier die Frage: »Wie lange sind Sie verheiratet?« Und als wir beide ihr gleichzeitig Auskunft gaben, grüßte sie uns zum Abschied mit dem Wunsch: »Gottes Segen für Sie.« Das hat uns sehr bewegt.

Durchhalten heißt für mich, die inneren Kräfte zu stärken, die mir die Hinfälligkeit zu bändigen helfen. Da ich nicht darauf hoffen kann, eine gesetzliche Regelung der Sterbehilfe auch hierzulande noch zu erleben, lote ich in mir aus, was ich tun will, falls ich ein Pflegefall werde. Ein Weg wäre, immer weniger zu essen und zu trinken. Ein anderer, schwere Gegenstände zu stemmen, die mein Herz nicht mehr aushält. Gewaltsame Handlungen gegen mein Leben schließe ich aus. Ich würde sie schwerlich sicher genug zustande bringen. Außerdem könnten sie andere Hausbewohner erschrecken. Ob meine spirituellen Fähigkeiten dann noch die körperliche Not aufwiegen können – wie soll ich das voraussehen?

In der Traumwelt, die meine Nächte bevölkert, übernehme ich immer noch Verantwortung für andere Menschen, meist sind es Gruppen. Ich bemühe mich, Dinge zu ordnen, die in Unordnung geraten sind. Deren gibt es eine unendliche Zahl.

Carlos und Clarice haben uns wieder besucht. Welche Freude. Sie kamen nachmittags mit zwei Buben. Chico, nun einhalb Jahre alt, und zum ersten Mal mit Leo, vor dreieinhalb Monaten geboren. Er schlief im Autokorb, wurde erst durch unser Gespräch wach und blickte still auf uns. Er ist ein schon recht individuelles Menschlein mit aufmerksamen Augen. Auf Ansprache antwortet er mit einem leisen Kakeln.

Clarice ist schlank, kräftig, lebenssprühend, eine brasilianische Südländerin. Sie stillt Leo noch voll. »Gleich nach der Geburt sind sie noch kaum auf der Welt«, sagt sie. »So, wie er jetzt aussieht, ist das ein riesiger Unterschied.«

Chico hat sie neun Monate gestillt und allmählich Bananen und Brei zugefüttert. Marlen rät ihr, es diesmal nicht zu übertreiben, sondern auf ihre begrenzten Kräfte zu achten. Sie hört sich das aufmerksam an, lacht aber nur, als könne sie alles in einem schaffen. Eine perfekte Mutter.

Unser Wohnzimmer wird zum Kinderzimmer. Im Nu sind alle möglichen Habseligkeiten auf Teppich, Hocker und Truhe verteilt. Wir sehen dieser Verwandlung in Erinnerung an die Babyjahre unserer eigenen Kinder zu. Bei uns kam noch die Sparsamkeit der ersten Nachkriegszeit hinzu.

Carlos, der Diplomingenieur, schmal und hochgewachsen, ein Vater mit Überlänge, besitzt eine Vertrauensposition in einem Münchner Großunternehmen. Er wechselt sich mit Clarice ab und ist mit allen Versorgungen der Kinder ebenso geschickt wie sie. Inzwischen hält er Chico auf seinem Schoß und erklärt ihm ein Malbuch mit farbenprächtigen Bildern, das Marlen für ihn aus unserem Bücherregal gezogen hat – zum Mitnehmen. Leo hat er mir in die Arme gedrückt, ich streichle seinen Bauch und rede ihm gut zu. Seine Blicke wandern über mein Gesicht, und er lauscht, als hätte ich ihm etwas vorzusingen.

Unser Freundespaar kennt sich wie wir seit der Schülerzeit. Bei uns war es Braunschweig, Stuttgart und München, in ihrem Fall São Paulo. Dort ist Carlos auf die *Deutsche Schule* gegangen, die ich auf meiner Weltreise 1963 besucht habe. Seine Vorfahren waren deutsche Einwanderer. Clarice stammt aus einer ganz brasilianischen Familie, Zuwanderer sind auch bei solchen Sippen erfahrungsgemäß meist mitzudenken.

Wir haben Schokolade, Marzipan und Kekse auf dem Tisch auf zwei Tellern vorbereitet, in der Mitte eine brennende Kerze, außer Chicos Reichweite. Vom Vaterschenkel und Buch hat er sich gelöst und saust mit schnellen Schritten durch die Wohnung, am liebsten immer wieder durch den Rahmen der offen stehenden Tür auf und ab. Natürlich entdeckt er sämtliche Lichtschalter, den Kühlschrank, der summt, den Mülleimer unter der Spüle. Ich bin schon froh, dass der künftige (vielleicht) Technikprofessor nicht auch noch den Rotor des Luftbefeuchters in meiner Schlafecke auffindet. Dafür fällt ihm im Bad nun der Alarmknopf auf. Er kann einfach nicht widerstehen und drückt. Das Rot leuchtet auf. Ich gebe rasch telefonisch Bescheid, dass es sich nicht um einen Unfall handelt, sondern das Versehen eines Kindes.

Für Carlos und Clarice kommt nun gewiss alles auf einmal zusammen. Sie müssen anstelle der Wohnung im Dachgeschoss des früheren Nachbarhauses zu unserem Anwesen wegen der jetzt für sie zu eng gewordenen Räume und der allzu steil gewundenen Treppe ein neues größeres Zuhause aufspüren. Am liebsten möchten sie eine Wohnung kaufen. Und das im überteuerten München. Aber wie alles Notwendige finanzieren, selbst bei einigen Ersparnissen und beiderseitigem guten Verdienst?

Während unsere Frauen über eigene Dinge sprechen, berichte ich ihm detailliert, wie wir es angestellt haben, unser Haus zu kaufen. Bausparvertrag, zwei Hypotheken: die erste große von der Lebensversicherung, die ich nach der Geburt unseres älteren Sohnes abgeschlossen hatte. Die zweite von der Münchner Haus- und Grundbesitzerbank. Dazu privat geborgtes Geld für die erste schwierige Zeit des Übergangs. Und so weiter.

Auf meine Bitte macht Clarice ein paar Aufnahmen von uns. Und ich von ihnen. Als sie aufbrechen, dick bepackt mit dem Baby, ihren Sachen und einigem, was wir ihnen mitgeben, begleitet Marlen uns zum Lift. Im Gang von Haus 5 zum Erdgeschoss hat das Augustinum für Kinder etwas Besonderes zu bieten.

Chico war vom großen Fischbecken zwischen den Eingängen zur Kapelle nur wegzukriegen durch die Verlockung mit dem erleuchteten Puppenhaus. Ich hob ihn empor und ließ ihn die vier Stockwerke sehen – mit all den wundervoll ausgestatteten Zimmern, Küche, Speisekammer, Badezimmer, den brennenden Lampen. Glanz und Gloria der Einrichtung und Kleidung aus der Ära vor dem Ersten Weltkrieg. Als mir die Arme lahm wurden und ich ihn absetzte, rannte er vorweg zum Ausgang.

Dort fanden unsere heftigen Umarmungen statt und die Versicherung: »Bald wieder.«

Als sie fort waren, vertraute ich der freundlichen Betreuerin in der Anmeldung an, dass die Großeltern dieser Kinder in Brasilien leben und wir – wie uns Clarice versichert hat – so etwas wie deren Vize-Großeltern sind.

Du huschte ein Lächeln über das Gesicht meiner Zuhörerin.

»Wie schön«, sagte sie, und dabei schien sie sich wirklich mit mir zu freuen.

Herkunft und Wandel

40 Jahre Augustinum: 26. April 1974 – 26. April 2014

Feste halten die Feiernden beisammen. Im vorigen Jahr wurde das halbe Jahrhundert des ersten Augustinum Wohnstifts in München Neufriedenheim gefeiert. Aus diesem Anlass wehten Fahnen mit dem Motto »50 Jahre Kultur der Vielfalt« auch an unserem Eingang in der Weitlstraße. Im Foyer hielt Professor Markus Rückert den großen Festvortrag. Er berichtete in erster Linie von seinen Gründer-Eltern, von dem Mut, etwas zuvor so noch nie Dagewesenes zu gestalten, und von ihren anfangs ständigen finanziellen Sorgen.

Sie gründeten eine Gemeinschaft des Zusammenlebens alter Menschen in weiten Aufenthaltsräumen und eigenen Wohnungen unterschiedlicher Größe vom kleinen Appartement bis zu drei Zimmern. Diese Domizile reihen sich – ich nehme unser Wohnstift München Nord zum Beispiel – an langen Fluren in dreizehn der vierzehn Stockwerke aneinander. Man schaut aus breiten Fenstern und Balkonen nach Nordost oder Südwest, soweit die Höhe es ermöglicht, zwischen Baumkronen oder himmelwärts.

Mahlzeiten mit Salatbüfett gibt es an Tischen für vier oder mehrere Personen. Jeder kann zwischen reichhaltigen, aber bewusst nicht üppigen Gerichten in drei Gängen wählen. Für nicht wenige Bewohner ist das gemeinsame Essen zugleich die einzige Gelegenheit, ihr Gesprächsbedürfnis zu stillen.

Krankenpflege war von Anfang an vorbereitet und setz te ein, sobald sie nötig wurde. Nach und nach wurde sie aufgrund der Erfahrungen verbessert und durch die Demenz-Station »Treffpunkt« ergänzt. – Dieses Modell sprach sich gleich zu Beginn herum, es wurde zum Medienthema und hat offensichtlich viele nachfolgende öffentliche und private Gründer von Seniorenheimen inspiriert.

Zu zahlreichen Darbietungen von Musik, Literatur, Theater und Vorträgen mit zeitgeschichtlichen Themen werden nicht nur die Hunderte von Bewohnern, sondern auch Gäste aus der Nachbarschaft eingeladen. Manche Veranstaltungen gestalten Bewohnerinnen und Bewohner selber, und häufig werden als »Publikums-Magneten« Künstler, Wissenschaftler, Personen des öffentlichen Lebens auch von fern aufs Podium berufen.

Nach der großen Halbjahrhundert-Feier (die Fahnen wehen noch) war das Fest zum 40. Geburtstag unseres Augustinum Nord vernünftigerweise einfacher geplant. Weil das Datum, der 26. April, auf einen Samstag fiel, hat man die Zusammenkunft auf den Freitagnachmittag vorverlegt. Schon eine halbe Stunde vorher strömten die Teilnehmenden aus den Fluren herbei. Mit Servicekräften und Helfern waren viele Hunderte versammelt.

Frau Schmidt eröffnete das Jubiläum mit einem Vortrag, in dem sie Einzelheiten aus der zweijährigen Bauzeit schilderte. Mich haben vor allem ihre farbigen bayerischen Vergleiche überrascht, – wörtlich dies: »Wenn man alle Baukörper der Häuser hintereinanderstellt, erreicht das Wohnstift eine Länge von 180 Metern. Die Gebäude sind 20 Meter im Durchschnitt dick und ungefähr 40 Meter hoch. Die Stahlmenge, die hier in diesem Haus als Beton-Stahl verbraucht wurde, betrug 1.250 Tonnen. Das entspricht dem Gewicht von 2.000 Ochsen am Spieß oder einer Weißwurst in der Länge von München nach Würzburg, an der Autobahn entlanggelegt.

Der Betonverbrauch war 15.000 Kubikmeter, das heißt wenn einer die Betonmassen mit einem Maßkrug geschöpft hätte, die diese Häuserreihe geschluckt hat, so hätte er 15.000.000-mal einen Maßkrug füllen müssen. Die Flüssigkeitsmenge in Bier umgesetzt hätte für volle drei Oktoberfeste gereicht.«

Und so setzte sie ihre Zahlenkunststücke fort.

Frau Schmidt versicherte uns aber auch, dass sich die Teilnehmer an den damaligen Eröffnungsfeierlichkeiten insgesamt 21 Ansprachen geduldig anhörten. Und ich ergänze: Vor vierzig Jahren hat man gleich noch drei weitere Augustinum-Wohnstifte eröffnet: in Bad Soden am Südhang des Taunus, in Bonn am Rhein auf dem Grund der Römerfestung »Casta Bonnensia« und bei Mölln inmitten der Lauenburgischen Seenplatte. Mittlerweile brachte die verwirklichte Idee der Augustina sogar Gewinne ein.

Als die Stiftsdirektorin nach einer Viertelstunde endete, wurde der Tortenturm unter glitzernden Sprühlichtern hereingetragen und mit Lauten wie »Ah, oh« und »Bravo« empfangen. Eilige Trägerinnen verteilten Mineralwasser und Fruchtsäfte oder auf Wunsch Weine rot und weiß. Tortenstücke wurden ausgeteilt.

Der Gesprächspegel stieg vom Summen auf ein wogendes Brausen an, es wurde unterlegt von den Klängen der kleinen, schon oft hier aufgetretenen Band.

An einer Litfaßsäule waren Bilder und Berichte aus der Bauphase angebracht. Im Voraus hatte man die Bewohner eingeladen, sich mit kleinen eigenen Textbeiträgen zu beteiligen. Einige der Ergebnisse wurden unter wohlwollendem Beifall von der Leiterin des Bewohnerservice, Frau Schillhuber, vorgelesen. Man blieb noch eine Weile beisammen. Nach eineinhalb Stunden leerte sich das Foyer. Das war dann auch schon alles, und die Heimbewohner verkrümelten sich einzeln oder in kleinen Gruppen in den Gängen und Aufzügen.

Ich hatte mich inzwischen in meiner Haut nicht mehr recht wohlgefühlt. Das lag an einer buchstäblich einschneidenden Veränderung, die mir zu schaffen machte. Im Klartext fühlte ich mich durch meinen neuen Zustand mit Füßen und Waden eingezwängt und versuchte, mit heimlichem Reiben unter den Hosenbeinen die Beklemmung zu lösen. Auf einmal kannte ich mich in meinem eigenen Körper nicht mehr aus. Was war mit mir geschehen?

Schwaches Herz braucht Hilfe

Kai Zenker, der Inhaber der Physiotherapie im Souterrain gegenüber vom Bewohnereingang zum Schwimmbad, hatte bei meinen wöchentlichen Massagen schon vor einiger Zeit festgestellt, dass mein durch ein *Aneurysma ascendens* erheblich geschwächtes Herz das Wasser aus meinem rechten Fuß nicht mehr hinreichend aufwärtspumpen konnte. Eines Tages sagte er: »Es ist zwar noch nicht schlimm. Aber wir sollten vorbeugen. Ich schicke sie jetzt zu Frau Dr. Voth, damit sie Ihnen etwas Stärkeres verschreibt.«

Also meldete ich mich anschließend bei unserer Hausärztin an. Sie untersuchte Füße, Beine und Herz. Was sie daraufhin mit mir unternahm, half schlagartig. Sie spritzte mir gleich eine Dosis des Mittels, das sie mir dann auch in Tablettenform verordnete: *Spiro*. Um möglichen Krämpfen vorzubeugen dazu *Magnesium Verla 300* und knielange, nach vorn offene Stützstrümpfe. Die Apothekerin, die sie mir anmaß, erklärte: »Das wird kein Zuckerlecken, diese Bandagen über ihre Beine zu bringen. Wenn Sie damit allein nicht zurechtkommen, kann ich Sie anlernen.«

Nun also diese Alterserscheinung. Sie ist sehr häufig, darum beschreibe ich sie hier. Inzwischen habe ich mir in einem Fachgeschäft in der Sonnenstraße bequemere, geschlossene Stützstrümpfe besorgt, mit denen ich bei dem gleichen Effekt leichter umgehen kann.

Meine Gespräche mit Kai Zenker sind für uns beide eine vertraute Gewohnheit geworden. Mal politisieren wir, mal bleiben wir bei privaten Erfahrungen. Er liebt den Spaß, aber wir beide reden auch gern ernsthaft miteinander. Ich glaube, Herr Zenker würde am liebsten allen Leuten vertrauen, die er nach und nach kennenlernt. Vor miserablen Menschen und miesen Dingen in der Welt überfällt ihn eine Wehrlosigkeit.

Unsere wiederkehrenden Themen sind: Steuern, Kanzlerin Merkel, das Gesundheitswesen, die Krankenkassen und die alles beherrschende Pharmaindustrie. Die Steuern für kleine Unternehmer wie ihn findet er geradezu »mörderisch«. Er sei kaum in der Lage, Gewinne zu machen und hinreichend für sein eigenes Alter vorzusorgen. Er holt Luft, denkt nach und ergänzt: »Aber ich lasse mich nicht unterkriegen. Kai bedeutet Kampf. Ich bin ein Kämpfer gegen Ungerechtigkeit, da wo ich etwas ausrichten kann.«

Ich habe nachgeschlagen im *Duden Herkunftswörterbuch*. Dort ist Kai als Uferdamm aufgeführt, auch Dornenhecke, Gehege, verwandt mit dem altdeutschen Hag. Der Begriff hat also mit Abwehr zu tun.

Ich weiß, dass Kai Zenker wöchentlich ein bis zweimal in ein Fitness-Studio geht, um an eisernen Geräten seine Muskeln gegenteilig zu belasten. »Das ist nötig, damit ich bis zu einer normalen Pensionszeit durchhalte, was immer das ist.«

Ein familiäres Geschehen

Unser Sohn Andreas nutzt mit 63 Jahren die Möglichk eit, vorzeitig in den Ruhestand zu gehen. Die Ursache ist dies: Er hat zwei große Herzoperationen und eine Korrektur-OP hinter sich. Unlängst wurde ihm ein Herzschrittmacher eingesetzt. Wir haben ihn in seinem Entschluss bestärkt.

Es ist für uns eine schwierige Tatsache, dass wir 25 Jahre älter sind und uns doch freier bewegen können als dieser Sohn. Wir haben regelmäßigen Mail-Kontakt. »Ein paar Zeilen mit den richtigen Worten können so guttun«, antwortete er mir auf einen Gruß zum Sonntag.

Seit Langem wohnt er in einem kleinen Vorort nördlich von Augsburg, wo er rund zweieinhalb Jahrzehnte als Justiz assessor bei der Kassenärztlichen Vereinigung Bayerns tätig war. Er wurde dort wegen der laufenden Rechtsberatung von der Geschäftsleitung geschätzt und hatte Prozesse wahrzunehmen sowie Teile des ärztlichen Notdienstes zu betreuen.

Gerade während ich an diesem Kapitel arbeite, hat er uns einmal wieder besucht. Lange Zeit war er ein Schwergewicht. Trotz des starken Knochenbaus wirkte er nun auf einmal nahezu schlank. Vor allem hat ihn sein bevorstehender Abschied vom Berufsleben offenbar dazu geführt, dass er seine eigene Zukunft und alle Endlichkeit neu befragt. Wie mag er unsere Unterkunft hier in einem Altenpflegeheim aus seiner Sicht beurteilen? Als wir so miteinander sprachen, versuchte ich, mich in ihn hineinzuversetzen. Mir scheint, er sieht eine ähnliche Lösung für sich mit großem Vorbehalt. Um in einem Seniorenzentrum Zufriedenheit zu erreichen, müssen die Bewohner einen Gemeinschaftssinn praktizieren. Er hat bisher sein Leben lang zu Menschen und Dingen Abstand gehalten, ebenso zu seiner Freundin in einem Nachbardorf. Sie hat sich in den Zeiten seiner schweren Herzkrankheiten aufopfernd um ihn gekümmert. Er aber war und blieb ein Mann ohne Familie. Andreas besitzt in dieser Absolutheit eine ihm eigene Kraft und Selbstbehauptung.

Was erfahren Eltern von ihren längst erwachsenen Kindern? Die erste nachhaltige Trennung tritt ein, wenn sie das Zuhause verlassen. Später verliert sich die Kenntnis. Marlen und ich haben unseren alt gewordenen Eltern meist nur Positives berichtet. Offensichtlich gibt es geborene Einzelgänger, die eine immerwährende Nähe selbst zu Menschen, die sie achten und auf ihre Weise lieben, schwer aushalten können. Sie sind auch in unserem Wohnstift zu beobachten, wenn sie scheinbar unberührt alle sich bildenden Menschengruppen durchschreiten oder mit einem Rollwagen durchqueren. Auch bei den Mahlzeiten bleiben sie Solisten, soweit sie es nur irgendwie einrichten können.

Was mir zur Verständigung mit unserem Sohn hilft, ist die Achtung vor seiner Andersartigkeit. Und dann gibt es diese Augenblicke einer plötzlichen heftigen Zuneigung: Wir nehmen einander in die Arme.

Übergänge, Stufen

Dienstag, 8. Juli 2014:
Festakt 40 Jahre Augustinum München Nord

Im April haben wir zum Gründungstag das Jubiläum dieser 40 Jahre unseres Augustinums gebührend gefeiert. Warum nun eine Wiederholung im größeren Rahmen stattfand, blieb unbegründet. Vielleicht lag es einfach daran, dass der Festredner Markus Rückert erst jetzt die Zeit dafür fand. Vorzüglich war der musikalische Rahmen mit Harfe (Stefanie Polifka), Querflöte (Katharina Schweiger) und Klavier (Marita Matschke). Sie spielten Stücke von Mozart, Johann Nepomuk Hummel, François-Joseph Nadermann und Astor Piazolla.

Grußworte trugen regionale Größen und die zuständigen Geistlichen der beiden großen Kirchen bei. Rückerts Rede galt dem Thema *Mut zum Alter – ohne jede Beschönigung*.

Er setzte die Veränderung der jeweiligen Gegenwart ins Verhältnis zu dem Wandel, der sich im Dasein der meisten Anwesenden während ihrer Lebenszeit vollzogen habe und weiter fortschreite. Der häufigen Furcht vor Demenz im hohen Alter könne und solle man mit geistiger Initiative begegnen, aufgeschlossen sein für Gespräche und hilfsbereit untereinander. Rückert ist ein fülliger Mann. Da er ein guter Redner ist und eine deutliche Sprache spricht, war es leicht, ihm zu folgen. Als er schon nach einer Viertelstunde kraftvoll endete, dankte ihm ein lebhafter Beifall.

Nach dem Festakt waren alle zu einem Umtrunk im Foyer eingeladen. Darauf folgte ein Festessen – es zog sich über reichlich zwei Stunden hin. Es ist jedes Mal eindrucksvoll, was die Haustechnik, Köche und Servierende aus so besonderen Anlässen leisten. Wir saßen auf unseren angestammten Plätzen und konnten die Veranstalter und Redner, zum Teil mit Angehörigen, an ihrem Sammeltisch beobachten. Der Wein, rot oder weiß, beflügelte ihre schwirrenden Stimmen und Lachsalven. Unserer Stiftsdirektorin Elke Schmidt stand im Gesicht zu lesen, wie ihr nach dem gelungenen Fest ein Stein vom Herzen fiel. Rückert und seiner Gesellschaft war damals schon deutlich die Lust am Gelage anzumerken.

An einem Sonntagmorgen

Mir war bewusst geworden, dass ich Franz Klar seit einiger Zeit nicht mehr mit dem Rollwagen im Park oder auf seinem Lieblingsplatz im Sessel vor dem großen Fischbecken zwischen den beiden Eingängen zur Kapelle getroffen hatte. Ich machte mir Sorgen um diesen einstigen Fähnrichs-Kameraden von der Kriegsmarine.

Auch Marlen schätzte seine zurückhaltend kluge Art und sein vielseitiges Wissen. Wir haben manche Feste zusammen gefeiert, mehrfach den Weihnachtsabend, und wir sind einander dabei ziemlich nahegekommen.

An diesem Sonntagmorgen rief ich ihn an und musste lange warten, bis ich seine schwache Stimme hörte.

»Ich sehe Sie gar nicht mehr mit dem Rollwagen auf Ihren Wegen. Ich mache mir Gedanken um Sie.«

Er antwortete: »Es geht mir schlecht.«

»Das habe ich befürchtet.«

»Wer sind Sie?«, wollte er plötzlich wissen. »Ich habe Ihren Namen nicht richtig verstanden.«

Obwohl ich für ihn nun buchstabierte, wie ich heiße, konnte er sich offensichtlich immer noch nicht orientieren. Ich hörte seinen Atem in der Muschel wehen.

»Gibt es etwas, das ich für Sie tun kann? Ihnen beim Einkaufen das ein oder andere mitbringen oder sonst etwas Notwendiges für Sie erledigen?«

»Es tut mir leid, aber ich weiß immer noch nicht, wer Sie sind. Rufen Sie von draußen an?«

»Nein, aus diesem Haus.« Daraufhin wiederholte ich meine beiden Namen laut und langsam.

»Ach, Sie sind Herr Lattmann. Jetzt habe ich es kapiert. Ich bin ganz durcheinander und zum ersten Mal regelrecht in mich verkrümelt. Ich kann nicht mehr. Es ist geschehen, was ich am wenigsten wollte. Auf die Pflege, immer andere Leute, habe ich mich trotzdem noch nicht eingelassen. Aber ich komme aus dem Zimmer kaum noch heraus. Das Essen wird mir gebracht. Und Nachbarn, die es gut mit mir meinen, besorgen mir manchmal etwas mit.«

Eine Pause entstand. Ich wartete und musste daran denken, dass er noch aufrecht gehen konnte, wenn auch mit Stock, als ich ihn kennenlernte und bald darauf zu uns einlud. Mir fiel ein sehr besonderes Gespräch zwischen uns wieder ein. Eines Tages hatten wir gemeinsam über Sterbehilfe nachgedacht und dabei herausgefunden, wie stark wir darin übereinstimmten: Wir beide fanden sie lebensnotwendig, in unserem Sinn war sie ein Menschenrecht. Ich erinnerte ihn jetzt daran, und ich hörte, wie sich auf der anderen Seite seine Stimme deutlich erhellte.

»Sterbehilfe wurde für uns ja so etwas wie ein Losungswort. Ich bin überzeugt, die Mehrheit der Alten denkt in dieser Frage ganz anders als die Regierung.«

Ich hörte von ihm nun ein knisterndes Keuchen, und er ließ mich wissen: »Meine Frau und ich, wir haben in eine Schweizer Sterbehilfe lange Zeit Beiträge eingezahlt. Wir dachten: Wenn wir alt sind und es geht uns schlecht, fahren wir nach Zürich und setzen allem ein Ende. Gemeinsam oder nacheinander. Aber das in der Realität zu erreichen, stellte sich als äußerst schwierig heraus. Ohne schriftlichen ärztlichen Nachweis eines aussichtslosen langen Leidens sollte man gar nicht erst anreisen.«

Er verstummte und setzte nach einer Weile neu an. »Meine Frau ist dann auch elendiglich gestorben. Diese Gesellschaft, die als christlich gilt, kennt beim Sterben kein Pardon. Wie es einen trifft, muss man es aushalten.«

Darauf wusste ich erst einmal nichts zu sagen. Schließlich schien mir, ich könne ihn vielleicht doch etwas ermutigen.

Es gab Nachrichten, die mich ein wenig hoffen ließen. Also sagte ich: »Und doch geschieht derzeit zweierlei. Es gibt mehrere Initiativen, die sich neu um die gesetzliche Freigabe der Sterbehilfe bemühen.«

»Ach, ja?«

Dennoch musste ich das gleich wieder einschränken. Wie ich meine Erwartungen auch wende, es zeichnet sich in Parlament und Regierung kein wirklicher Wandel ab. Die meisten Politiker benutzen in den Debatten Hospize (es gibt viel zu wenige) und Palliativmedizin als Ausflucht. Sie sind wohl selber in Altersdingen zu unerfahren, um sich in die sehr Alten hineinzuversetzen, die für sich die tatsächliche Freigabe der Sterbehilfe ersehnen.

»Aber eines Tages wird die Sterbehilfe auch hierzulande eingeführt werden, und zwar nicht aus religiösen oder moralischen, sondern aus finanziellen Gründen: erst wenn zu viele Etats unter der Belastung durch immer älter werdende Alte und zu wenig junge Menschen zusammenbrechen. Dann müssen die sehr Alten natürlich nicht sterben, aber sie dürfen ihrem Leben ein Ende setzen.«

Er erwiderte: »Das sehe ich auch so. Nur – was können wir heute in unserer Lage tun? Uns sind doch alle Hände gebunden. Selbstbestimmtes Sterben ist für uns fast unmöglich.«

»Zuerst müsste man aufhören, Mittel zur Sterbehilfe als Gift zu bezeichnen. Es handelt sich um Erlösung.«

»Eben darum geht es.« Es klang wie ein Schlusspunkt. Ich sagte trotzdem noch: »Ich bleibe für Sie abrufbereit.«

Darauf klang seine Stimme plötzlich wieder offizieller: »Das ist sehr freundlich von Ihnen. Und bitte grüßen Sie Ihre Gattin von mir.«

»Herr Klar, es wäre Blasphemie, würde ich Ihnen alles Gute wünschen. Stehen Sie es durch. Ich wünsche Ihnen, dass es nicht zu schwer für Sie wird und nicht zu lange dauert.«

Anderntags sah ich ihn zu meiner Überraschung doch wieder vor dem Fischbecken bei der Kapelle sitzen. Er hatte sich mit dem Rollwagen allein durch den Aufzug noch einmal mühsam hinuntergewagt. Wegen der sommerlichen Temperatur trug er eine kurze Hose und ein weißes Hemd mit kurzen Ärmeln. So konnte ich sehen: Er war völlig abgemagert, nur noch Haut und Knochen. Ab undzu zitterten seine Glieder. Sein Gesicht aber sah vergeistigt aus. Ich setzte mich zu ihm und sprach ihn indirekt darauf an: »Sie haben es immer mit dem Philosophieren gehalten.«

Er drehte den Kopf zu mir und sagte ohne weitere Erklärung: »Dreieinhalbtausend Jahre Geistesgeschichte.« Und auf einmal folgten die Worte: »Gründen Sie eine Partei für Sterbehilfe. Sie verstehen etwas davon. Und die Mehrheit ist dafür.« Zwischen uns schwebte die Mühe, nicht zu verzweifeln. Er sah jetzt aus wie ein Ungläubiger, der seine Seele verteidigt. Ich legte ihm die Hand auf die Schulter, die kantig unter dem Hemd zu spüren war. So saßen wir eine Weile beieinander. Schließlich löste ich mich von ihm und schaute, als ich fortging, noch einmal zurück.

Bewunderung eines Genies

Wir hatten am Abend des 30. August wie so manches Mal zuerst im Fernsehprogramm geblättert und waren abgestoßen durch Tatort und Krimskrams. Schließlich meinte Marlen: »Versuch doch mal 3SAT«, und siehe da: Wir begegneten einem Genie.

Ich hätte das in dieser Intensität vorher nicht für möglich gehalten. Der zweiunddreißigjährige chinesische Pianist Lang Lang trat in der Londoner Royal Albert Hall auf. Wir haben seine Karriere verfolgt, seit er auch in Europa zu einer unübersehbaren Figur wurde. Es wird erzählt, er habe im Alter von zwei Jahren im Fernsehen Tom und Jerry gesehen, als Tom die Ungarische Rhapsodie Nummer 2 cis-Moll von Franz Liszt spielte. Das habe ihn für das Klavierspiel begeistert. Also sorgten seine Eltern früh für den Unterricht bei Professor Zhu Ya-Fen am Konservatorium seiner Heimatstadt Shenyang. Mit fünf Jahren trat er zum ersten Mal öffentlich auf. Als er elf Jahre alt war, gewann er seinen ersten weltweit bedeutenden Preis im deutschen Ettlingen beim Vierten Internationalen Jugend-Wettbewerb. Später suchte er sich die weltbesten Lehrkräfte in den USA aus.

Was er an diesem Abend vollbrachte, erschien uns ebenso unerklärlich wie unglaublich. Dennoch geschah es mit einer Gegenwärtigkeit, als träte er aus dem festlichen Rahmen der ringsum ansteigenden Zuhörerränge mitten in unseren Raum. Erst verspätet eingeschaltet hatten wir drei Mozart-Sonaten versäumt, kamen aber zu dem Höhepunkt der Balladen 1,2,3 und 4 von Frédérik Chopin gerade zurecht. Sie fordern allen Klaviervirtuosen das Äußerste an technischem Können und musikalischer Brillanz ab. Wir waren gebannt.

So erlebten wir Lang Lang auf dem Gipfel seiner Genialität. Zwischen ihm und dem Publikum flutete eine wechselseitige Steigerung. Selbst seine ausladenden Körperbewegungen und das Gesichtsspiel, öfter ein Lächeln, wirkten wie der verzückte Ausdruck seiner Gemeinsamkeit mit dem Auditorium.

Myriaden von Noten kann er mit seinem phänomenalen Gedächtnis aus seinem Gehirn abrufen; sie strömen in die weichen, weit auf die Tasten ragenden Hände, die mal hart von oben auf die Klaviatur fallen und dann wieder quer wie Wiesel über Schwarz und Weiß laufen.

Im Largo spielte der Künstler verzögernd auf dem herrlichen Instrument; er ließ die Töne in sich ruhen und samten nachschwingen. Im Presto jagte er, als könnte er die Sechzehntel und Zweiunddreißigstel auswalken mit fliegenden Finger- Klöppeln fast über die ganze Breite der Tastatur.

Niemand unter den weltberühmten Pianisten, die wir in unseren jungen Jahren bewundert haben, konnte über annähernd so viele Musikstücke aus dem Gedächtnis verfügen. Es war eine Geisterstunde. Und es war, als würde durch den Weltmeister der Interpretation der Komponist in einem magischen Duett wiedergeboren. Das Publikum, in kenntnisreicher Andacht versunken, brach jedes Mal zu wogendem Beifall aus. Angespornt durch diese Erwiderung dankte Lang Lang den Zeugen seiner höchsten Übereinstimmung mit sich selbst durch Zugaben, fünf an der Zahl. Auch er konnte einfach nicht aufhören. Als er das vierte Nachspiel angekündigt und auf dem Flügel ein Mozartskerzando gezaubert hatte, überreichte eine junge Frau ihm Blumen. Zuletzt standen alle gemeinsam auf und fanden nur ungern zum Ausgang.

Wir beide blieben noch lange sitzen in der Gewissheit, ein Wunder erlebt zu haben. Als wir uns hinlegten, jeder in der Bettklause des eigenen Zimmers, wandte ich mich hin und her. Ich konnte nicht einschlafen, blickte auf die durch die breiten Fenster schattenhaft erhellte Decke, und alles wiederholte sich in Bewegung und Klang. Als ich endlich zur Ruhe fand, mündete mein Staunen in den Schlaf.

Tapferkeit im Kleinen

Auch auf die Gefahr hin, mich zu wiederholen: Immer neu beeindruckt mich, wie viele Alte, besonders Frauen hier im Haus die Kraft für die tägliche Tapferkeit im Kleinen aufbringen. Bei alten Freunden, die ich manchmal am Telefon wiederfinde, geht es mir ähnlich.

Da ist einer, der mich über einen Leserbrief in der *Süddeutschen Zeitung* wiederentdeckte. Zwanzig Jahre lang haben wir keinen Kontakt mehr gehabt. Er ist Journalist und war öffentlich in der Berufspolitik tätig. Seine Stimme erkannte ich nicht wieder, wohl aber den Tonfall und die Art, wie er die Wörter genau überlegte. Wir berichteten einander von den Familien. Die einst so vertrauten Namen fielen wie Lichter aus dem Nachtdunkel über uns herein.

Eintrübungen der Gesundheit setzte jeder beim anderen voraus. Er aber hatte Chemotherapie wegen immer anderer Körperbereiche aushalten müssen. Während wir sprachen, blickte ich auf die gelb, grün, roten Signallichter am Telefon und darüber den Barlach-Holzschnitt, er stellt Johannes in der Grotte auf Patmos dar, sein Evangelium schreibend. Durch das halb geöffnete Fenster kam Verkehrslärm von der Straße herein. »Kannst du hoffen, dass du davongekommen bist?«

»Wer weiß, es geht weiter.«

Drachenschwänze des Erinnerns schwangen hinter unseren Äußerungen mit. Seine Frau, berichtete er, fuhr noch Auto, wenn auch mühsam und wohl bald nicht mehr. Sie wohnten im Zentrum von Berlin. Bis vor Kurzem hatte er noch eine politische Zeitschrift herausgegeben, und er lud mich ein, für die neue Redakteurin einmal etwas zu schreiben: »Am besten kurz und treffend. Was dir einfällt. Du kennst ja unser Blatt.« Keine Silbe einer Klage kam über seine Lippen. Aber lauter Ungesagtes klang in mir nach wie angeschlagene Saiten, und so erging es sicherlich auch ihm.

Im Augustinum hat Marlen eine Frau angesprochen, die zur gleichen Zeit wie wir im Restaurant zu Mittag isst und seit einiger Zeit isoliert unweit des Eingangs sitzt: Erika Wigram. Sie verstanden einander gut, und nachdem auch die weiße, 93-jährige, immer noch aufgeschlossene Frauke Landsend, die seit Langem täglich mit uns speist, einverstanden war, holte meine Frau diese für uns neue Bewohnerin an den frei gewordenen Platz unseres Vierertischs. Gleich als wir einander bekannt machten, ließ sie uns wissen, dass sie drei Schlaganfälle durchgemacht hat und jedes Mal erst wieder neu sprechen lernen musste.

»Darum fällt es mir immer noch schwer, komplizierte Dinge auszudrücken. Ich freue mich aber, bei Ihnen zu sitzen und danke Ihnen dafür.« Sie strahlte uns geradezu an.

Hinter den hohen Fensterscheiben wehte draußen der Wind eines feuchten Spätsommertags, er schüttelte Büsche und Bäume. Von unseren Tellern erhob sich ein Hauch von Sauerkraut, Nürnberger Bratwürsten, Senf oder Remouladensauce und Seehecht.

Zwar kehrte Frau Wigram am folgenden Tag doch auf ihren vorigen Platz zurück, weil ihre Augen allzu lichtempfindlich sind für die Helligkeit der großen Glasscheiben, vor denen wir sitzen. Doch die Bekanntschaft ist hergestellt. Wir haben uns etwas zu sagen, wenn wir einander treffen.

So lernten wir wieder eine Mitbewohnerin kennen, die sich bei schwerem Geschick und vager Zukunft die Fähigkeit zur Lebensfreude bewahrt. Mit der Tapferkeit ihrer Sinne.

Tage der Abschiede

Siegfried Lenz gestorben

Am 7. Oktober 2014 ist der Schriftsteller Siegfried Lenz in der Hamburger *Elbschloss-Residenz* gestorben. Auch er hat sich also aufs Letzte der fachlich kompetenten Pflege in einem Altenwohnheim anvertraut.

Wir sind einander immer wieder begegnet. Mit siebzehn Jahren wurden wir in der Grundausbildung für die Kriegsmarine von Unteroffizieren und Gefreiten auf demselben Kasernenhof in Stralsund geschliffen, und wir sind auf dem Koppelschloss über denselben Boden auf jener der Insel Rügen vorgelagerten kleinen Insel namens Dänholm gerobbt.

Nach dem Krieg lernten wir uns in Hamburg erst richtig kennen. Er hauste mit seiner jungen Frau Lilo in einer kleinen Wohnung in der Nähe des (damals noch) Nordwestdeutschen Rundfunks, mein Gedächtnis will wissen, es sei die Brahmstraße gewesen. Wir sprachen darüber, wie man es ermöglichen könnte, vom Schreiben zu leben.

Bald kristallisierte sich heraus: Siegfried Lenz gehört zu dem Viergestirn großer Erzähler der deutschen Nachkriegsliteratur. Alle vier sind es ihr Leben lang geblieben. Sie haben in dieser Konstellation keine Nachfolger. Lenz war nicht überbordend wie die beiden anderen, Günter Grass und Martin Walser. Er war ein Mann von einer empfindlichen nautischen Natur. Mit einem von Grund auf freundlichen Wesen. Der ein Jahrzehnt ältere Heinrich Böll war ihnen voraus, er setzte seinen eigenen Maßstab für sich.

Es hat nicht sehr lange gedauert, bis das Ehepaar Lenz auf halbem Weg von Altona nach Blankenese ein eigenes Haus beziehen konnte. Von da an traf ich ihn in der Preußerstraße 4 – wenn ich anrief, sagte er: »Ja, kommen Sie.« Oder: »Zu viel Arbeit.« Er hatte immer neue Ideen.

Ende November 1970 hat Bundeskanzler Willy Brandt, unmittelbar nach unserem ersten Schriftstellerkongress in der Stuttgarter Liederhalle, Grass aus Danzig und Lenz, den gebürtigen Ostpreußen, eingeladen, ihn auf seiner Reise nach Warschau zu begleiten. Es war eine Krönung seiner Ostpolitik.

Nie hat Siegfried Lenz seinen Weltruhm hervorgekehrt, den sein Roman »Die Deutschstunde« begründete, und auch nicht seine Freundschaft mit Bundeskanzler Helmut Schmidt. Während ich mich im Bundestag zu Bonn am Rhein um das Gesetz zur Künstlersozialversicherung mühte, gehörte Lenz zu den starken Unterstützern. Zu dieser Zeit hatte ich meine eigene Nähe zu diesem Kanzler, ohne den die Künstlersozialkasse nicht gelungen wäre.

Nun sind die Medien voll des Nachklangs. *Die Süddeutsche Zeitung* am Tag danach war fast eine Sondernummer für ihn: »Geliebter Lenz«, titelte sie, »... das Publikum hat ihn verehrt, weil er in seinen Büchern den Schmerz der einfachen Menschen beschrieb.« Ich bin sicher, es war auch die Freude und natürlich die Pflicht, mit anderen dafür zu sorgen, dass sich das von Deutschen verschuldete Unheil nie wiederholt.

Auf unserem zweiten Schriftstellerkongress des VS unter dem Motto »Entwicklungsland Kultur« in Hamburg, Januar 1973, hat Siegfried Lenz ermutigend zum damaligen Anschluss an die IG Druck und Papier gesprochen. Soziale Solidarität war für ihn die innere Weisung, nach ihr zu handeln.

Juliane

Am 31. Juli 1942, mitten im Krieg, wurde in Braunschweig ein Nachkömmling geboren. Die Mutter war schon 44 Jahre alt, sie hatte sich nicht vorgestellt, noch einmal schwanger zu werden. Es war ein Mädchen und die sechzehn Jahre jüngere Schwester meiner Frau wurde Juliane getauft. Vor ihr lag ein mühsames Leben. Sie kam mit einem verkrüppelten Bein zur Welt.

Die Mutter fuhr mit dem Kind immer wieder nach Göttingen, wo Ärzte sich bemühten, dieses Bein zu korrigieren. Der Vater war Landgerichtsdirektor.

Als Juliane nach und nach ihr Geschick begriff, verhielt sie sich tapfer und stumm. Wen sollte sie anklagen? Das war nicht ihre Art. Nach dem Krieg, als junges Mädchen in der Notzeit, machte sie sich keine großen Hoffnungen. Sie hinkte durch die Städte, in denen sie zur wissenschaftlichen Bibliothekarin ausgebildet wurde und unterschiedliche Arbeit fand.

Die Ehe mit dem Adoptivsohn eines lange Zeit kinderlosen Paars scheiterte. Sie brachte ihr zwei Kinder, einen Sohn und eine Tochter, aber der Mann suchte bald das Weite, tauchte nur ab und zu als *Urheber* auf und hinterließ etwas Geld. Juliane lebte südlich von Buxtehude in Harsefeld und fuhr jeden Tag mit der Bahn und S-Bahn nach Hamburg. Als Bibliothekarin beim theologischen Lehrstuhl verbrachte sie dort eine Reihe guter Jahre. Da wurde sie anerkannt und war ausgefüllt – wohl zum einzigen Mal in ihrem Leben.

Als es ihr in ihren Sechzigern zu viel wurde, diese täglichen Strecken noch zu bewältigen, zog sie sich in ihre Wohnung in der Danziger Straße Harsefelds zurück. Im ostfriesischen Wittmund lebte ihr Bruder mit der Familie, wir in München. Ihr Sohn studierte Jura und geisterte lange in verschiedenen Tätigkeiten umher, bevor er in Dresden eine gute Stellung fand. Die Tochter heiratete nach Basel. Deren Mann, grundanständig, kümmert sich um sie, auch wenn sie immer wieder Phasen in einem psychiatrischen Pflegeheim verbringt.

Juliane vereinsamte. Es war eine traurige Geschichte. Da war ein Menschenkind in die Welt gesetzt, und es war schlecht ausgerüstet, seine Schwierigkeiten zu bestehen. Weil auch Jane, wie wir sie nannten, innere Erlebnisse brauchte, schuf sie sich Gesichte. Einmal vertraute sie ihrer Schwester an, ein Priester aus einem nahen Ort habe sich in sie verliebt. Jedes Mal, wenn er ihr begegne, bekäme er einen roten Kopf, aber er wage es nicht, sie anzusprechen. Alles Mögliche erfand sie in Tagträumen. Einbildungen, die man an der Küste *Spökenkiekereien* nennt. Sie war zu viel allein. Auch war es ihr nicht gegeben, in der Nachbarschaft Beziehungen aufzubauen. Wie mögen ihr die Tage vergangen sein ohne Kontakt mit ihrer Umwelt? Manchmal mit Alkohol? Aber sie hatte nur eine kleine Rente, und die Summe, die wir ihr jährlich zu ihrem Geburtstag schickten, half ihr zwar weiter, doch das nützte wenig. Am Ort stand sie als »schwieriger Fall« zu Buch.

Solange wir beweglich genug waren, suchte Marlen sie nach unseren vielen Amrum-Urlauben auf oder wir fuhren gemeinsam hin. Es kam die Zeit, in der wir das aufgrund unseres hohen Alters nicht mehr fortsetzen konnten. So wurde das Telefon die Verbindungsstrippe, mal ging Juliane darauf ein, manchmal nicht.

Es gab in Harsefeld nahe bei ihrer Wohnung ein kommunales Rot-Kreuz-Altersheim. Wir gaben uns alle Mühe, sie zu bewegen, dass sie dorthin umzog. Aber sie wich jeder vernünftigen Begründung aus und sperrte sich auch gegen denselben dringenden Rat der örtlichen Altershelferin.

Als sie siebzig wurde, fühlte sie sich nicht mehr richtig bei Kräften. Aber immer wieder beteuerte sie: »Es geht schon, ich komme zurecht.« Dann brach ihre schwere Krankheit aus, ein Tumor im Rückenmark. In der Klinik in Stade wurde sie mit Chemotherapie behandelt und kam anschließend in ein Pflegeheim in Ahlersfeld, nicht weit von ihrer bisherigen Wohnung entfernt. Ihr Sohn und der Bruder aus Wittmund mit seiner Frau haben sie besucht.

Wir waren sehr besorgt und schrieben ihr. Am Freitag, den 3. Oktober, dem *Tag der deutschen Einheit,* antwortete sie uns mit kurzen Worten, aber klarer Schrift: »Dank für eure Hilfe und das Verständnis ...« Später hörten wir, sie sei an diesem Tag auch noch beim Mittagessen gewesen. Sie hat von ihrem plötzlichen Ende wohl nichts geahnt. Einige Stunden nach dem Mittagstisch hat sie anscheinend auf dem Bett gelegen.

Als sie versuchte, wieder aufzustehen, ist ihr wahrscheinlich schwindelig geworden. Sie brach zusammen und starb. So ist sie nach diesem schweren Leben von einem gnädigen Tod getroffen worden. Mit 72 Jahren. Der Sohn hat mit seiner dänischen Partnerin die Wohnung aufgelöst. Das meiste kam auf eine Halde. Er hat auch die Einäscherung veranlasst und die Urne mit nach Dresden genommen.

Am Donnerstag zwei Wochen danach sind unsere Freunde Ilsabel und Helmut Lehnacker aus dem Augustinum ausgezogen. Natürlich wussten wir, dass dieser Abschied nahe war. Eines Morgens standen ein paar Blümchen mit einem Gruß vor unserer Tür. Sie siedeln um in das St. Josefs-Pflegeheim in der Preysingstraße. Es liegt hinter dem Gasteigkoloss mit seinen Veranstaltungsräumen, der Bibliothek, dem Restaurant, dem Konzertsaal und auf der anderen Seite gegenüber dem Gebäude der GEMA (Gesellschaft für musikalische Aufführungsrechte).

»Ich bin überfordert«, schrieb Ilsabel, »aber die Söhne nehmen alles in die Hand.« Uns hat dieser Umzug nicht eingeleuchtet. Was war gewonnen? Ilsabel hat ihren Helmut über ihre Kräfte hinaus verteidigt, doch er war zu schwer, sie konnte ihn nicht mehr heben. Sie geriet mit dem Pflegedienst aneinander. Schließlich sah sie für sich kein Einverständnis mehr mit den Gegebenheiten unseres Wohnstifts. Vor allem war für sie entscheidend, dass ihre beiden Söhne, der ältere mit seiner Familie, nicht mehr so weite Wege zurücklegen müssen, um ihren Vater zu besuchen und ihn mit dem Rollstuhl auszufahren.

Helmut selber bekommt davon in seiner meist freundlichen, manchmal aggressiven Abwesenheit einer fortschreitenden Demenz wohl nur Bruchstücke mit. Aber sein Händedruck ist immer noch kräftig, und in seinen Augen glimmen je nach seinem Ergehen an einzelnen Tagen Anzeichen früheren Erkennens.

»Wir werden am Donnerstag schon unser erstes Mittagessen dort einnehmen«, schrieb Ilsabel. Es ist auch ein Wechsel von der Diakonie zur Caritas und in diesem Fall aus freien großen Räumen in eine bescheidene Dimension. Marlen, die anfangs mit ungläubigem Staunen zögerte, hat nach und nach noch einmal eine intensive Wesensvertrautheit mit dieser neuen Freundin gefunden. Für sie wiegt die Trennung nun als ein unersetzlicher Verlust.

Um drei Uhr am Nachmittag desselben Tages begann die Trauerfeier für Franz Klar, gehalten von der Pfarrerin Inken Mädler in ihrer wohlvorbereiteten, einfühlenden Art und dem zurückhaltenden Ritus. Dazu eingeladen hatten zwei Nichten des Verstorbenen. Es war ein ansehnlicher Kreis von Teilnehmenden erschienen, aus unserer Altenresidenz und von außerhalb.

Als Erster sprach nach der Pfarrerin ein einstiger Mit-Fähnrich vom Schulschiff *Schlageter* (auf dem habe ich auch einmal drei Wochen gedient). Er berichtete eindringlich und knapp von ihrer gemeinsamen Bordzeit und den Turns im Sommer 1944 in der Ostsee. Franz Klar hatte mir das selber eingehend beschrieben.

Nach dem Fähnrich-Kameraden, der als alter Mann ein Kapitänsgesicht hatte, sprach die ältere der Nichten, klug und anziehend. Sie blätterte das Lebensbuch des Toten auf. Allerdings fehlten ihr mehrere Kapitel infolge der Zeit, die sie in den USA verbracht hatte. Das glich die jünger wirkende Kusine nach ihr aus.

Vieles war mir neu, nicht dagegen wie bewandert Franz Klar in den Geisteswissenschaften war und in manchen philosophischen Gebieten. Wir hatten immer einmal wieder über Geist und Macht in Gegenwart und Geschichte diskutiert. Eines aber wusste niemand genauer als ich: wie angestrengt er über das Ende des eigenen Daseins nachgesonnen hat. Wie sehr wir beide darin übereinstimmten, dass über eine tatsächlich freie Sterbehilfe nur jeder einzelne Mensch für sich selber entscheiden könne, habe ich früher geschildert. Ärzte waren ebenso stark oder schwach, tapfer oder ängstlich, fehlerhaft oder bemüht, alles richtig zu machen, sie waren ebenso hinter dem Gelde her, selbstbezogen und liebesbedürftig, eitel oder sozial, aufrichtig oder durch ausgeklügelte Gebote zu beeinflussen wie die überwältigende Mehrzahl aller Menschen. Sie zu halben Göttern über Tod und Leben zu erheben, das fiel nur ihren Standesvertretern, Geistlichen oder Politikern ein. Viele von ihnen zogen es vor, sich um die freie Willensentscheidung im Sinn der Würde des Menschen nach dem Grundgesetz zu drücken. Es gibt kein kollektives Gewissen, sondern nur das Gewissen der Einzelnen. Wohin es führt, wenn mit diesem Grundsatz gebrochen wird, das haben wir Deutschen in der Diktatur des Nationalsozialismus erfahren.

Das ging mir durch den Kopf, als ich der Trauerfeier folgte. Ich werde nie vergessen, wie Franz Klar bei unserem letzten Gespräch vor dem Fischbecken neben mir saß, anämisch, mit kratzender Stimme und voller Fragen, was er tun könne, um nicht für lange Wochen ein Pflegefall zu werden. Ich glaube nicht, dass dies Bild je in mir verlöschen wird.

Lerchenauer See

Ein Hauch von Abschied berührte uns auch am letzten Sonntag im Oktober am Lerchenauer See. In der Nacht um drei Uhr wurden die Zeiger der öffentlichen Uhren um eine Stunde zurückgestellt. Wir hatten es getan, bevor wir uns schlafen legten. Nach der kühlen Nacht hatten Sonnenstrahlen am Morgen Nebel und Schleierwolken fortgewischt. Zu Mittag ließen die Serviererinnen im Restaurant schon wieder die Jalousien auf unserer Fensterseite herunter.

Nach einer kurzen Ruhe brachen wir auf. Im 60er-Bus, der gerade an der Haltestelle vor dem Augustinum vorfuhr, wartete der Fahrer, als er unsere Imitation eines Laufschritts sah. Er antwortete auf unser »Dankeschön«, indem er uns einen freundlichen Blick schenkte und uns zulächelte. Mag sein, er hatte eben an seine eigenen Eltern gedacht. Ich finde, dass Alte für Jüngere auch eine stellvertretende Bedeutung haben können. Das Alter ist die Zukunft der folgenden Generation.

Die Namen der Stationen auf dieser kurvenreichen Strecke mit häufig engen Passagen bis zur Max-Wönner-Straße könnte ich nachts, aus dem Schlaf aufgeweckt, wohl auswendig hersagen. Da stiegen wir aus. Die Läden der Biergartenanlagen und der anschließenden Steckerlfischbude waren geschlossen.

Die Sonnen-Regen-Schirme, eingewintert, ragten wie schlafende Riesen spitzköpfig in die Luft. Wir begannen am Westufer und fanden uns bald von Frauen mit Kinderwagen, Einzelgängern und einer Gruppe afrikanischer Herkunft überholt.

Zugleich schritten wir an einigen noch langsameren Alten vorbei. An schattigen Stellen rahmten noch Pfützen des vorangegangenen Nachtregens den Weg ein. Wir schauten hinunter auf eine Versammlung von Stockenten und Blesshühnern, die im glitzernden Wasser wippten und einander zunickten, derweil einige neugierige zu uns hinaufblickten. Der künstliche See ist zwischen den Hügeln und bewaldeten Kuppen angelegt. Aus der Ostkurve sieht man auf die vier für Sozialwohnungen in ungleichen Abständen errichteten Hochhäuser, im Volksmund hießen sie anfangs *die vier Mönche*, später verlor sich das, weil es wohl niemandem mehr einleuchtete. Schön sind sie nicht, aber nützlich.

Watschelnde Saatgänse, die mir wie bayerische Schwestern kanadischer Flugenten erscheinen, grasen einzeln und können vom Rasen, der seit der jüngsten Mahd gewachsen ist, nicht genug bekommen. Das Südufer liegt im Sonnenglanz, er bricht durch die noch voll belaubten Bäume mit nur wenig gefärbten Blättern. Hinab von einzelnen Buckeln senkt sich die Landschaft am Rande baumlos zum Wasser. Dort liegen junge Leute ausgestreckt, sie sonnen sich dicht beieinander. Als wir das vorige Mal hier waren, badeten sie noch.

Der See spiegelt ein metallisches Licht wider, das ihn an den Ufern gleißend vergoldet. Wir setzen uns auf eine freie Bank. Nicht weit von uns spielen auf steinernen Tischtennis-Platten zwei ältere Männer und neben ihnen ein junges Paar. Diese beiden leben offensichtlich zusammen. Sie lachen und wetteifern, beide bedacht, die Aufschläge lang und flach hinzuschmettern. Doch keiner will sein Gegenüber allzu sehr überrunden. Ich halte beide für Anfang zwanzig. Nur sie bemüht sich, ihn immer in einem leichten Vorsprung zu halten.

Ich kann mir nicht vorstellen, dass diese künftige Mutter, wie es gerade durch die Medien geistert, die Verführung von Arbeitgebern aufgreifen wird, eine natürliche Schwangerschaft jahrelang aufzuschieben. Kinder brauchen junge Eltern. Die Manipulation ins Gegenteil lässt sich diese junge Frau gewiss nicht gefallen. Wie sollte sie sonst auch eines Tages einer vielleicht vierzehnjährigen Tochter erklären: »Du hast erst einmal als gefrorene Eizelle zehn Jahre in einer Kühltruhe verbracht.«

Wir sitzen lange da und lassen den Übergang vom Frühherbst zum Vorwinter leuchtend in uns eindringen. Wir spüren eine wundervolle Übereinstimmung zwischen uns und der Natur, mit einem Gleichklang zwischen uns beiden, in den unsere aufeinanderliegenden Hände einstimmen. Wir schweigen.

Mit allen Sinnen tauchen wir ein in diese Andacht, umgeben von ausschreitenden oder rastenden Menschen, die meisten jung oder in mittleren Jahren, zwischen hintereinanderfahrenden Radlern und Hunden, die ihre losgelassenen Leinen hinter sich herziehen – sie freuen sich ihrer Freiheit und lassen sogar die Enten in Ruhe.

Es herrscht Friede auf dieser kleinen Welt. Wir sind umringt von einem Glanz, den wir erinnern werden, gemalt aus Grün, Holzbraun, Himmelblau, silbernem Wasser und einem Schimmer von Kupfer.

Nun bin ich allein

Am Freitag, den 25. September 2015, ist meine Frau Marlen gestorben. Kein Mensch auf der Welt war für mich wichtiger als sie. Im April hatten wir die Eiserne Hochzeit mit einem Ausflug nach Freising gefeiert. Wie oft waren die beiden Buben uns dort begeistert vorausgelaufen.

»Das war das letzte Mal, das schaffe ich nicht wieder.« Marlen war erschöpft, als wir mit der S-Bahn über den Feldmochinger Bahnhof heimkehrten. Ihre Kräfte verließen sie immer früher. Dennoch gingen wir in diesem heißen Sommer noch viel auf kürzeren Wegen. Ein schattiger Platz auf einer Bank zwischen früh gefallenem Laub hatte es uns besonders angetan. Ein kleines Mädchen spielte unter einer Birke ganz vertieft mit einem bunten Ball. Und dann geschah es:

Kaum etwas ist schwerer zu ertragen, als wenn die eigenen Kinder den Eltern vorausssterben.

Am 3. September ist unser Sohn Andreas, Justizassessor bei der Kassenärztlichen Vereinigung Bayerns am Sitz Augsburg, im Alter von 64 Jahren seiner schweren Herzkrankheit und einer Lungenentzündung erlegen. Er wohnte am Stadtrand in Leitershofen. Andreas war der Ältere und der zweite Sohn, der uns verließ. Sein fünf Jahre jüngerer Bruder Till, der sein Studium abbrach und Taxifahrer wurde, hat seinem Leben 1997 mit vierzig Jahren als Alkoholiker ein Ende gesetzt.

Es war, als hätte dies alles zusammen Marlen das Herz zerrissen. Nun musste sie selber ins Krankenhaus. Sie wurde aus der Notaufnahme von einer Station zur anderen weitergereicht und landete schließlich wider ihren Willen auf einer Station für Geistesgestörte. Da habe ich sie gegen den Widerstand der Ärzte herausgeholt.

Wieder in ihrem Zimmer und vom Pflegedienst in unserem Augustinum versorgt, lebte sie erst einmal auf. Doch dann versank sie plötzlich in einer Art Dämmerzustand und konnte sich, von Unruhe gepeinigt, nicht mehr erheben. Ihr Atem knarzte. Sie rief um Hilfe, ich sprang auf und rannte zu ihr. Immer wieder sprach ich auf sie ein. Sie zweifelte auf einmal am Sinn ihres Lebens. Mit ruhiger Stimme versuchte ich sie zu überzeugen, wie wunderbar erfüllt unsere Hoffnungen und unsere Wirklichkeit jahrzehntelang gewesen sind. Ob mein Bemühen zu ihr drang?

Gleichzeitig bewährte sich jetzt die Entscheidung, die wir vor mehr als vier Jahren getroffen hatten: hier in diesem Augustinum dem Ende unseres Lebens entgegenzugehen. Die uns vertraute Ärztin und viele Schwestern wechselten einander mit aller Hilfe ab. Dann endlich brachte Morphium meiner Frau die erlösende Ruhe.

An jenem Nachmittag erledigte ich kurz einige Besorgungen. Als ich zurückkam, saß Frau Dr. Voth-Klaubert, die Ärztin, wieder am Bett meiner Frau. Ihre Worte »Ich denke, sie hat es geschafft« werde ich nie vergessen. Marlen lag auf der Seite, dem Fenster zugekehrt. Sie sah friedlich aus und schaute mich aus nicht ganz geschlossenen Lidern an, als wollte sie mir bedeuten, sie werde mich auch weiter begleiten.

Die Ärztin versprach mir, vor ihrem Feierabend noch einmal zu uns heraufzuschauen. Also löste ich sie jetzt ab, war auf dem Hocker wie angewachsen, streichelte lange das Gesicht und die erkaltende Hand meiner Frau, wie ich es vor mehr als einem halben Jahrhundert bei meiner toten Mutter getan hatte. Ich konnte weinen, aber das Wissen, wie sehr sie sich ihren Tod herbeigewünscht hatte, richtete mich auf die realen Notwendigkeiten aus. Sie wurde noch vor Mitternacht von zwei Totenträgern in einem hellen Sarg abgeholt. Die Schwestern, die sie zur Überführung herrichteten, haben ihr das handgemalte Kleid angezogen, das Marlen als ihr letztes Gewand ausgesucht hatte. Wir hatten es in einem glücklichen Augenblick auf einer kunsthandwerklichen Ausstellung im Tölzer Voralpenland erworben.

Nun, da ich allein bin, beginnt ein anderes Leben. Oft spreche ich mit meiner Frau und erzähle ihr, was ich gerade anfange oder wohin ich mich aufmache. Ihr Grab liegt auf dem Nordfriedhof, nah zur Heimstättenstraße und unserem einstigen Haus. Dort werde ich bei ihr eines Tages auch bestattet. Die ersten sechzehn Jahre meines Lebens habe ich ohne sie verbracht. Als wir einander im Dezember 1941 in Braunschweig zum ersten Mal in der letzten Kriegstanzstunde begegneten, begannen unsere Lebensbahnen ihren parallelen Lauf – von nun an treffen sie sich ganz im Unendlichen.

Vom Autor sind folgende Bücher lieferbar:

Die Brüder, Roman,
Husum Druck- und Verlagsgesellschaft, 1997.

Fernwanderweg, Roman, Zenit, 2003.

*Einigkeit der Einzelgänger.
Mein Leben mit Literatur und Politik.*
A1 Verlag, 2006.

*Das Anekdotenbuch.
Rund 400 Anekdoten von Adenauer bis Zapotek,*
Herausgeberband, Fischer, 2015.

Nicht nur gläubig, sondern glaubhaft
Rainer M. Schießler
Himmel, Herrgott, Sakrament
Auftreten statt austreten
DER SPIEGEL BESTSELLER
Kösel
In einer Zeit, in der so viele Menschen wie nie die katholische Kirche verlassen, gelingt es dem bundesweit bekannten Münchner Stadtpfarrer, dass seine Gemeinde wächst. Sein Rezept heißt Klartext. Er benennt offen die heiklen Themen innerhalb der katholischen Kirche, die seiner Meinung nach zu einem Glaubwürdigkeitsverlust geführt haben.
Kösel
www.koesel.de

Den Tagen mehr Leben geben
Claudia Bausewein
Sterben ohne Angst
Was Palliativmedizin leisten kann
Kösel
Im Schutz einer umfassenden Palliativmedizin ist heute der friedliche Abschied möglich. Begleitet und medizinisch bestmöglich versorgt, darf diese letzte Lebensphase getrost erwartet werden.
Kösel
www.koesel.de